U0473241

本书系四川省科技厅软科学项目
"新时代农村基层治理现代化研究——以四川省推动现代乡村治理制度改革为例"
（项目编号：2021JDR0062）结项成果

新时代乡村基层治理现代化

主　编　孙洪斌　边慧敏
副主编　谢鲤芯　王军琛
编　委　黄慧琳　邱艳林　杜　江　王　熙　胡俊成

四川大学出版社

图书在版编目（CIP）数据

新时代乡村基层治理现代化 / 孙洪斌，边慧敏主编. -- 成都：四川大学出版社，2024.4
（乡村振兴丛书）
ISBN 978-7-5690-6862-7

Ⅰ. ①新… Ⅱ. ①孙… ②边… Ⅲ. ①农村－社会管理－研究－四川 Ⅳ. ①D638

中国国家版本馆CIP数据核字（2024）第087454号

书　　名：	新时代乡村基层治理现代化
	Xinshidai Xiangcun Jiceng Zhili Xiandaihua
主　　编：	孙洪斌　边慧敏
丛 书 名：	乡村振兴丛书
出 版 人：	侯宏虹
总 策 划：	张宏辉
丛书策划：	庞国伟　梁　平
选题策划：	蒋姗姗
责任编辑：	蒋姗姗
特约编辑：	袁霁野
责任校对：	谢　鋆
装帧设计：	叶　茂
责任印制：	王　炜
出版发行：	四川大学出版社有限责任公司
	地址：成都市一环路南一段24号（610065）
	电话：（028）85408311（发行部）、85400276（总编室）
	电子邮箱：scupress@vip.163.com
	网址：https://press.scu.edu.cn
印前制作：	四川胜翔数码印务设计有限公司
印刷装订：	成都金龙印务有限责任公司
成品尺寸：	170 mm×240 mm
印　　张：	10
字　　数：	188千字
版　　次：	2024年8月 第1版
印　　次：	2024年8月 第1次印刷
定　　价：	52.00元

本社图书如有印装质量问题，请联系发行部调换

版权所有 ◆ 侵权必究

扫码获取数字资源

四川大学出版社
微信公众号

前　言

本书通过四川省乡村治理改革的实践情境，分析了四川省推动乡村治理改革的动因、举措和意义，进而思考乡村治理改革的成效及其促进治理体系和治理能力现代化的意义。通过分析四川省乡村治理改革前后政府与社会互动情况的变化，以及乡村治理改革机制的多维度优化，提出发展乡村治理现代化体系的建议。在此基础上，得出四川省推进乡村治理改革的结论和启示，并分析推进乡村治理改革的经验和路径。

本书将乡镇以上的政府组织视为国家力量，将村两委班子、村集体经济组织、村群众性组织、村民等形成的村庄场域视为社会力量，将这两种力量所包含的行为主体视为乡村治理中的多元主体。全书共七章，第一章为绪论，主要梳理了我国乡村治理历程和我国推进乡村治理改革的现实背景，并对国内外乡村治理进行总结。随后简要介绍了研究方法、研究框架。第二章为新时代乡村治理理论与现实基础，主要从新时代乡村治理理论的提出和发展、新时代乡村治理的基本内涵和目标、新时代乡村治理的主要内容，以及新时代国家治理视域下乡村治理的四个方面出发，对新时代乡村治理的政策体系与多方协同治理的路径进行分析。第三章为四川省推进乡村治理改革的动因、举措及意义，梳理了四川省推进乡村治理进程中出现的问题、壮大集体经济的意义与面临的主要矛盾、乡村治理的区域特征与改革案例、四川省乡村治理改革的举措，并对四川省乡村治理改革的基本成效与意义进行总结分析。第四章是四川省乡村治理机制的多维度优化，阐释了四川省乡村治理改革在机制层面促进了乡村治理主体的优化、乡村治理体系的优化、乡村治理资源的优化。第五章是四川省乡村治理改革中政府与社会互动的体系优化，阐述了四川省乡村治理改革在政府与社会互动层面促进了组织链条的优化、村集体经济的优化、文化链条的优化。第六章是四川省推进乡村治理改革的经验与路径，总结了四川省推进乡村治理改革的经验并提出推进乡村治理体系现代化的路径。第七章是四川省推进乡村治理改革的结论与启示，总结提出了四川省推进乡村治理改革的结论并分析改革过程带来的启示。

在推进乡村治理体系和治理能力现代化进程中，政府与社会的互动是一组需要调整的基本关系，需要强化党建在其中的统领作用，发挥壮大集体经济的原动力，并有效完善多元主体共治的乡村治理体系。调整政府与社会的互动，形成多元主体共治格局，是乡村治理的基础性工作，能提升乡村治理体系和治理能力的现代化水平。

目 录

第一章 绪 论 ………………………………………………………（001）
  一、研究背景 …………………………………………………（001）
  二、研究现状 …………………………………………………（005）
  三、研究方法 …………………………………………………（011）
  四、研究框架 …………………………………………………（013）

第二章 新时代乡村治理理论与现实基础 ……………………（015）
  一、新时代乡村治理理论的提出和发展 ……………………（015）
  二、新时代乡村治理的基本内涵和目标 ……………………（017）
  三、新时代乡村治理的主要内容 ……………………………（018）
  四、新时代政府治理视域下乡村治理的四重维度 …………（028）
  五、新时代乡村治理的政策体系与多方协同治理路径 ……（038）

第三章 四川省推进乡村治理改革的动因、举措及意义 ……（045）
  一、推进乡村治理过程中面临的问题 ………………………（045）
  二、壮大集体经济的逻辑内涵与主要矛盾 …………………（047）
  三、四川省乡村治理的区域特征与改革案例 ………………（062）
  四、四川省乡村治理改革的举措 ……………………………（080）
  五、四川省乡村治理改革的基本成效与意义 ………………（086）

第四章 四川省乡村治理机制的多维度优化 …………………（094）
  一、乡村治理主体的优化 ……………………………………（094）
  二、乡村治理体系的优化 ……………………………………（098）
  三、乡村治理资源的优化 ……………………………………（106）

第五章 四川省乡村治理改革中政府与社会互动的体系优化·········(115)
- 一、组织链条的优化·········(115)
- 二、村集体经济的优化·········(120)
- 三、文化链条的优化·········(124)

第六章 四川省推进乡村治理改革的经验与路径·········(127)
- 一、推进乡村治理改革的经验·········(127)
- 二、推进乡村治理体系现代化的路径·········(132)
- 三、提升乡村治理能力的保障·········(142)

第七章 四川省推进乡村治理改革的结论与启示·········(143)
- 一、四川省推进乡村治理改革的结论·········(143)
- 二、四川省推进乡村治理改革的启示·········(145)

参考文献·········(147)

附　录·········(152)
- 附录一　访谈提纲（县级干部）·········(152)
- 附录二　访谈提纲（乡镇或街道干部、村干部）·········(153)
- 附录三　访谈提纲（乡村精英）·········(154)

第一章　绪　论

一、研究背景

(一) 新中国乡村治理发展历程

新中国乡村治理发展历程分六个时期（如图1-1所示）。

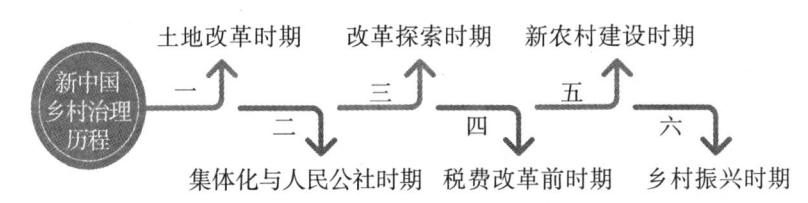

图1-1　新中国乡村治理历程图

1. 土地改革时期

新中国成立初期，首要任务是恢复国民经济。我国作为农业大国，富农、地主等少数人占有大量田地，严重阻碍农村生产力的发展，解决农村土地问题成为当时乡村治理的重要议程，为此开展了土地改革运动。为了深入推进土地改革运动，在党的领导下成立了农民代表会，此后农民代表会就成为当时农村基层合法的权力机关。农民有了代表自己阶层话语权的体系组织，农民的主体意识得以提升。

2. 集体化与人民公社时期

土地改革运动完成以后，农村按照国家出台的一系列政策要求，通过农业生产合作社和人民公社，建立了高度集中的农村管理体系，这为新中国的初步工业化提供了大量的资源。但是，由于当时特殊时代背景与历史原因，造成了农村社会的历史断层，抑制了农民的自主性和农业的多元化发展，同时人民公社实行的身份制度，也是城乡二元社会结构形成的重要原因。此时的逻辑服从于国家强主导建设和治理的逻辑。乡村面临着民主治理缺失、公共产品供给不足、农业生产效率低下、农业基础设施破旧等问题。

3. 改革探索时期

由于国家行政控制力的放松，以农村家庭承包责任制为核心的土地改革改变了过去的生产组织形式，农民掌握了生产资料，使农村重新焕发了生机。农村从公共安全、水利设施建设等农村公共事务着手开始探索自治之路。1987年，《中华人民共和国村民委员会组织法（试行）》在全国人大常委会通过，村民自治制度逐步建立。这一时期，农村社会得到了很大的发展，农民的生活条件得到了很大的改善，基层社会组织也慢慢发展起来，但部分农村的宗族势力等重新出现。真正意义上的村级自治也在这一时期开始。

4. 税费改革前时期

2006年取消农业税前，村民自治制度在不断完善发展。1998年，《中华人民共和国村民委员会组织法》正式通过，对推进村民自治发挥了重要作用。尽管自治制度在不断向前推进，但在发展过程中，农村的治理依然存在很多问题，如农村集体经济的弱化导致村级组织分散、农民承担的税负加重，干群关系紧张、村委会出现分层，邪教组织在农村蔓延等。

5. 新农村建设时期

新农村建设时期，"三农"仍然存在突出的问题，此时乡村治理依然面临许多挑战：城乡收入差距过大导致城乡二元结构问题凸显、农业产出效益较低、民生发展相对滞后等。这一时期乡村治理的工作重点就是解决"三农"问题。此后在科学发展观理念的指引下，我国开始推动乡村治理全面协调可持续发展。2011年明确了村民自治是乡村治理的制度基础。部分地区创新了乡村治理机制，提出了"四议两公开"等方式，尝试"网格化"管理。这一时期尚未把乡村治理作为国家治理的有机组成部分。

6. 乡村振兴时期

自2017年乡村振兴上升为国家战略后，乡村治理也步入新时期。2018年中央一号文件《关于实施乡村振兴战略的意见》提出了要构建"自治、法治、德治"三治相结合的治理机制,在党的领导下推进乡村治理,使乡村治理与国家治理有机结合,成为推动国家治理体系和能力现代化的重要组成部分。党的十九大报告明确提出推进基层协商和社会组织协商,在商量的过程中体现农民的主人翁意识,充分保障人民的知情权、参与权、表达权、监督权。把乡村治理体系的有效实现作为乡村振兴战略的重要内容,乡村治理步入新时代。党的二十大报告中提出健全城乡社区治理体系,提高市域社会治理能力。

乡村治理变迁的过程也是国家治理变迁的缩影,与特定时期的党和国家发展的路线方针相适应,与其所处的经济、政治、文化等社会环境相一致。一方面,乡村治理作为国家治理体系的一部分,国家不同发展阶段的差异和能力会造就出不同的乡村治理模式;另一方面,不同区域的乡土社会结构、乡村变迁进展差异等也会培养出不同的乡村治理模式。

(二)我国乡村治理现实背景

基层治理是国家治理的基石,但新时代基层治理现代化的难点和重点仍然在农村。党的二十大提出的乡村振兴战略,是新时期在实现小康的基础上,进一步促进农业发展、农村繁荣、农民增收的重大决策部署。然而乡村振兴战略的实施,需要高效的乡村治理体系作为基本的组织和制度保障。党政一体下的协同共治是稳步推进乡村治理体系和治理能力现代化的重点。在现有自然禀赋和制度结构的制约下,汇聚多方治理主体,充分挖掘农村发展的内生动力,提升治理能力,推动乡村治理摆脱路径依赖,加快制度和体系创新,从而推进乡村治理现代化,全面实现乡村振兴。

党的十八届三中全会指出,完善和发展中国特色社会主义制度,推进国家治理体系和治理能力现代化是全面深化改革的总目标。党的十九届四中全会通过的《中共中央关于坚持和完善中国特色社会主义制度 推进国家治理体系和治理能力现代化若干重大问题的决定》明确指出到我们党成立一百年时,在各方面制度更加成熟更加定型上取得明显成效;到2035年,各方面制度更加完善,基本实现国家治理体系和治理能力现代化;到新中国成立一百年时,全面实现国家治理体系和治理能力现代化,使中国特色社会主义制度更加巩固、优越性充分展现。在党的十九届四中全会闭幕式上,习近平总书记再次强调,各级党委(党组)要在党中央统一领导下,紧密结合本地区本部门实际,推进制度创新和治理能力建设。党的二十大报告提出加快推进市域社会治理现代化,提高市域社会治理能力。

乡村治理体系和治理能力现代化是国家治理体系和治理能力现代化的题中

应有之义。准确理解乡村治理体系和治理能力现代化的基本内涵是推进乡村治理体系和治理能力现代化实践的第一步。乡村治理体系现代化就是要用现代治理技术替代传统的治理手段，用到人到户的精准政策替代传统以村庄为单位的模糊政策，用规范化、程序化和规则化的治理体制替代人格化和随意性的传统治理体制。[①] 乡村治理能力现代化是要提高国家对基层事务的介入能力，更好地实现国家预定的政策目标。乡村治理现代化的总目标就是要改变延续至今的乡村"简约治理"模式，强化国家对乡村事务的直接介入能力。通过建立现代乡村治理体系，实现国家规划秩序对乡村社会自然秩序的替代，乡村治理体系现代化是手段，乡村治理能力现代化是目的。简言之，乡村治理体系现代化是技术维度、政策维度和规则维度的统一。技术维度要求增加乡村治理的科技支撑，政策维度要求提高乡村治理的政策精准度，规则维度要求加强乡村治理的规范性、正式性。乡村治理体系和治理能力现代化的概念从目标层次勾勒出了二者的理想，阐明了二者的关系。

乡村治理体系和治理能力现代化实践中，政府与社会的互动贯穿始终。国家（两级党委政府、县－乡等）、村级自治组织（村级党组织、村民委员会、村集体经济组织等）和普通村民构成了乡村治理体系互动的三大主体。

从政府层面看，国家行政力量试图"往下"走。通过网格化管理、村干部专职化、村支书村主任一肩挑、村级坐班制、公共服务事项智能化等措施，不断努力将国家行政力量深入乡村社会，使国家供给的公共服务得以通畅下沉、国家行政指令得以顺畅下达。东部沿海地区流入大量外来人口，村集体经济水平往往较高。中西部地区大量青壮劳动力外出务工，村集体经济薄弱。面对正发生激烈重组与变迁的乡村社会，国家行政力量的"往下"走具有差异性和情境性。各地区应该如何调整三个主体互动关系，这是值得研究的基础性问题。

从乡村的社会层面看，社会力量试图找回自己与公共体制的关联。村干部本质上是村民选举出来的代表，但由于是政府发放薪酬，兼具干部与群众的双重身份，具有进入政府体制的诉求。外出打工的村民，他们的身份认同在城市人与农村人之间摇摆。就地创业的村民意识到个体经营不如抱团取暖，期待村集体经济发展起来。留守在乡村的老人、妇女和儿童需要基本公共服务。他们都期待找到自己在公共体系中的位置，与公共体制产生联结。社会中旧的个体——公共连接结构、协调职能、责任回应体制，严重不适应社会现实，[②] 个

---

① 桂华. 面对社会重组的乡村治理现代化 [J]. 政治学研究, 2018 (5).
② 张静. 通道变迁：个体与公共组织的关联 [J]. 学海, 2015 (1).

体与公共之间的新连接亟需建立起来。基层组织应该在个体与公共之间承担应责、代表、协调和沟通的角色。

党的十九届四中全会明确提出"社会治理共同体"概念。治理是指多主体参与公共事务的运行。[①] 社会治理共同体包含全体社会成员、社会治理的多个参与主体。在乡村社会治理实践中，乡镇党委政府、村两委、村民小组和村民构成了乡村社会治理共同体。然而，中西部地区村庄"空心化"、三留守问题严重，村级自治组织和村民参与乡村治理的能力和积极性不断弱化，国家被动地唱着"独角戏"。在中西部地区的乡村治理改革中，如何激活各社会主体力量，形成多元主体共治局面是值得研究的问题。

政府与社会的互动和多元主体共治是乡村治理的基础性工作。调整政府与社会的互动，形成多元主体共治格局，是对乡村基层治理的基础进行重构，其结果势必加强基层政府建设、创造个体与公共体制的新连接、增强国家与社会之间的互动，从而提升乡村治理体系和治理能力的现代化水平。

四川省正在进行的乡村治理改革在激活乡村治理主体、调整政府与社会的互动方面具有一定启发意义。四川的乡村治理改革力求改变四川省乡镇区划数量多、规模小、密度大、实力弱等问题，提升乡村的产业发展水平，留住乡村人口，强化乡村组织尤其是乡村基层党组织，激活乡村治理的人力、物力、财力等治理要素，改变乡村留不住人、产业凋敝、基层组织涣散、公共服务水平低等现象，激活乡村治理的多元主体，畅通国家与社会互动的连接渠道。

综上所述，本书将立足中西部地区乡村社会的变迁实际，以四川省乡村治理改革为例，探讨中西部地区如何调整政府与社会的互动，形成多元主体共治格局，这种调整与改变对乡村治理基础带来的影响，以及如何推动国家治理体系和治理能力现代化的发展。

二、研究现状

（一）国外研究现状

对农村治理与发展的重视源于其对当地经济、社会、政治和文化发展战略的重要影响。与有很多相似之处的城市地区不同，农村地区彼此之间有很大的区别。农村的治理和发展不仅存在于发展中国家，实际上，欧美等许多发达国

[①] 陈家建. "低治理权"与基层购买服务困境研究［J］. 社会学研究，2019（1）.

家都有非常成熟的农村治理。西方国家较早进入了工业社会，城市化进程发展较快，在农村治理层面有着丰富的理论和实践经验。农村治理基本上是指"公共和私营部门之间和内部界限变得模糊的治理方式的发展"（Stoker，1998）。在农村发展方面，通过将责任从国家转移到私营和其他社会部门，扩大对农村决策的参与（Goodwin，1998 年），这些变化导致农村治理越来越依赖政府正式结构以外的社会力量。

国外对于农村治理发展层面有着系统的法律规章和规划文件。荷兰《空间规划法》、加拿大《农村协作伙伴计划》、日本《农林渔业金融公库法》等都通过政府法律法规的正式文件明确了各自的农村发展的中长期目标以及实现目标的有效途径和方式，为政府在农村治理中应该承担的职责进行明确划分。

对于农村治理，国外也较早认识到农村自治社会组织在农村治理中的重要性。Halhead. V（2005）总结了丹麦先后成立了全国性的农村自治组织 LAL（Landsforeningen af Landsbysamfund）、LID（Landsbyer i Danmark），重点管理从城市移居到农村的居民；瑞典在政府支持下建立了农村发展普及委员会（Folkrorelseradet），在全国层面对农村工作进行统筹协调；爱尔兰成立了代表农村群体利益的农村纽带作为非营利性组织，对农村服务、发展等进行管理。日本成立了农民协会负责对农民进行文化培训，提升农民素质（张永强等，2007）；韩国农民协会承担金融机构职能，通过吸引农民把闲置资金汇入农民协会来助力农村经济发展（强百发，2009）；瑞士农民协会及时把汇总整理的市场需求信息反馈给农民，帮助农民做出正确判断（刘国远，2008）。

对于乡村精英在农村治理引领作用，国外亦有着丰富的理论和实践经验。村庄内的领导者在村庄内、宗族等团体的有效嵌入程度会影响其在各层面投入精力和提供公共产品的动机（Tsai，2007）。日本为了鼓励农民亲身参与到"造村运动"中，通过乡村精英亲自去农户走访交流，充分调动农民建设家乡的积极性（张永强等，2007）。美国农村治理中乡村精英通过间接的方式，充分动员农民表决参与有关农村方面的法律规章，通过后颁布的法律规章方能生效（孔祥智，1999）。瑞士对农村的管理主要由村长和村民委员会组成的委员组织引导村民，尤其是吸引更多乡村精英有效参与到农村治理中来。

此外，Thuesen, A. A. 和 Nielsen, N. C.（2014）认为，地方基层治理组织以杠杆化、民主化和自下而上的决策形式完善地方治理，其他任何一级组织都无法提供同样水平的效果。Shucksmith, M.（2009）将农村综合发展与空间规划、地方塑造、能力建设和新的内生发展理念联系起来，研究苏格兰北部的农村治理并为其设计具体的治理结构。Mosimane, A. 和 Silva, J.

(2015)认为,地方治理结构设计和实施、对社区成员的利益分配方式等需要更多的外部支持和监督,只有当涉及透明度和公平分享利益的地方治理结构的利益分享制度的目标明确时,才能实现公平。Šimon, M. 和 Bernard, J. (2016)在分析捷克的农村治理时认为,欧盟的"项目类"措施可以提升乡村外部参与者的能力。这些研究成果为解决当前农村治理问题提供了很好的思路。

(二)国内研究现状

1. 乡村治理问题的研究

以"乡村治理"为关键词的文献检索结果做年度发文可视化分析(如图1-2所示),1999年中国知网上开始出现涉及"乡村治理"等关键词的研究,截至2023年上半年共发文八千余篇,核心期刊总发文四千余篇,总体发文量较多,尤其在2017年乡村振兴上升为国家战略后,此类研究开始增多,符合前文研究背景所述,目前此类研究数量仍然呈现逐渐上升的趋势。

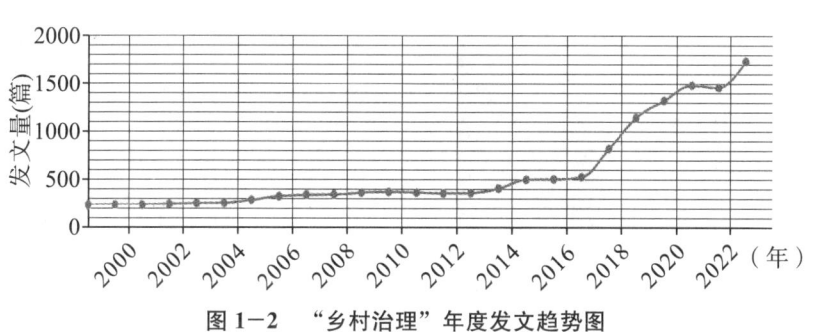

图1-2 "乡村治理"年度发文趋势图

以"乡村治理"为关键词的文献检索结果做文献次要主题分布可视化分析(如图1-3所示),相关主题占比前十的关键词剔除"乡村治理"本体和与其同质化程度较高的几个关键词,剩下分别为"村民自治""村干部""基层治理"等,表明乡村治理现代化重点在基层,以及要对村民自治制度进行同步研究。

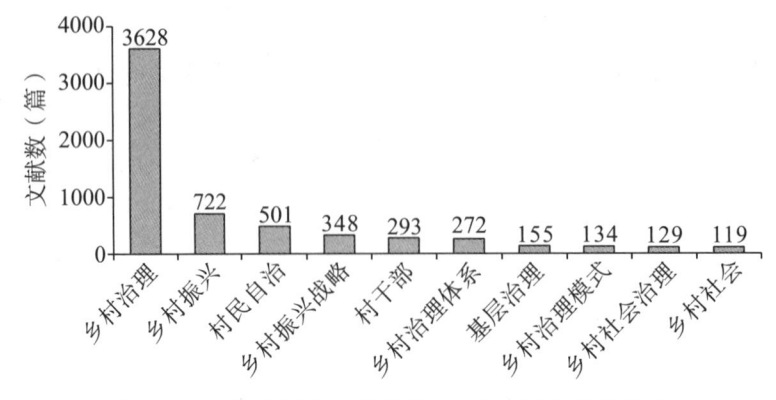

图1-3 "乡村治理、现代化"文献主要主题分布图

乡村治理 3628
乡村振兴 722
村民自治 501
乡村振兴战略 348
村干部 293
乡村治理体系 272
基层治理 155
乡村治理模式 134
乡村社会治理 129
乡村社会 119

以"乡村治理"为关键词的文献检索结果做学科分布可视化分析（如图1-4所示），占比最大的几部分为政党及群众组织（58.49%）、农业经济（15.90%）、中国共产党（7.55%），总占比超80%，揭示了乡村治理现代化的研究作为一个社会科学领域，涉及政治学、管理学、经济学等学科。

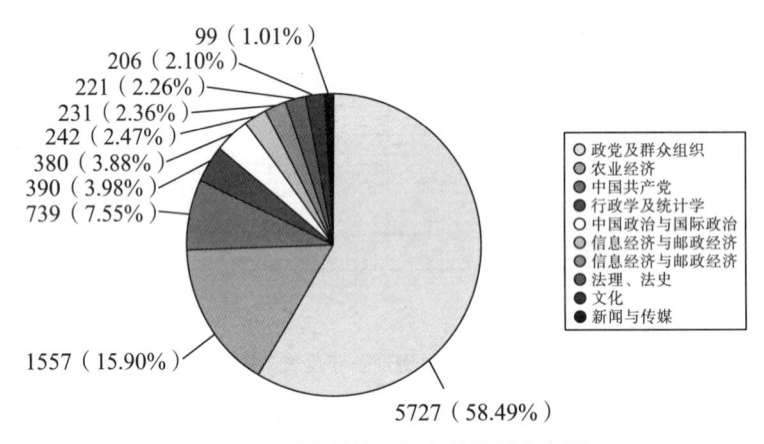

图1-4 "乡村治理"文献学科分布图

99（1.01%）
206（2.10%）
221（2.26%）
231（2.36%）
242（2.47%）
380（3.88%）
390（3.98%）
739（7.55%）
1557（15.90%）
5727（58.49%）

图例：政党及群众组织、农业经济、中国共产党、行政学及统计学、中国政治与国际政治、信息经济与邮政经济、信息经济与邮政经济、法理、法史、文化、新闻与传媒

国内学者对我国当前乡村治理存在的问题进行了梳理，如当前不合理的垂直管理体系、乡村治理内卷化、社会资本力量参与不足等。

第一个问题是不合理的垂直管理体系。赵守飞（2010）认为当前上级政府为了完成政治经济任务，利用垂直管理权力结合责任制和奖惩体系形成了压力型体制。在这种体制下，基层政府的工作重心转向以完成考核目标为中心，对基层提供具体公共服务较少或选择性执行的模式。张晓山（2016）认为目前许多地区仍然沿袭传统垂直管理模式和考核机制。政府部门为了完成任务，对上级下达的指标进行层层分解加码，考核实行一票否决制，各部门各自为政，自己既当运动员又做裁判员，缺乏有效监督，基层政府疲于完成各种指标考核，难以切实承担公共服务职能。印子（2018）认为公共资源输入农村的过度密集导致乡村基层形成半正式行政结构的科层制管理体系。基层治理体系受到各种外部张力的影响，不仅未能使乡村社会焕发活力，反而使乡村治理结果与初衷背道而驰。在实施乡村振兴战略的过程中，部分村干部可能在没有有效监督的约束下陷入农村"微腐败"的温床。

第二个问题是乡村治理内卷化。我国当前乡村治理机制运转仍然处于低水平状态，主要表现为上级政府依托项目制向农村地区提供财政扶持时，被基层"因地制宜"变通形成某种分利秩序，为权力寻租提供了可乘之机（吕德文，2019）。农村基层自治权力下放加上缺乏有效监督机制，部分基层干部利用手中的公共权力进行权力寻租。一方面利用掌握的信息垄断并进行自由裁量，为自己的亲朋谋取私人利益，另一方面利用作为民意代表的身份向上级政府申请各种项目，多数项目资金并未落到实处（熊烨，2014）。

第三个问题是社会资本力量参与不足。颜德如（2016）认为现阶段乡村治理的突出问题是农村大量的精英流向城市，自治制度存在失序以及农村治理理念断代的问题。应根据实际情况吸收新乡贤并充分发挥其引领作用。一些地方乡村治理目前在资源和利益等方面表现出寡头垄断的特征。权力寻租助长了灰色利益势力、精英阶层联盟和政治庇护，外来利益的输入和农村弱社会也助长了寡头治理的再生产，多元健康的社会资本力量很难有效参与到乡村治理中（印子，2018）。

2. 解决乡村治理问题的措施

针对当前乡村治理进程中存在的问题，众多学者从专业角度献言献策提出了相应的解决措施。

要切实吸引农民亲身参与乡村治理。中国乡村中村民自治仍然面临很多现实的挑战，如村民民主意识淡薄、参与能力不足、政府对村民自治的过度干预以及村中社会自治组织无法有效提供社会服务等现实问题。为充分发展村民自治，应逐步提高村民参与自治的意识和能力，政府应逐步下放权力，降低村民自治的门槛，动员发展村民自治组织，从而加强村民自治的社会基础（何影，2008）。农民参与乡村治理是促进政府执政能力现代化的重要保证。政府要抓好乡村基层党建工作，提升农民的参与意识。为村民参与自治活动提供平台和保障，鼓励农民切实参与自治活动，同时加强对农民的培训，提高农民政治参与的素养（薛明珠，2014）。吸引社会民主力量参与到村民自治中，重点要通过发展农村社会组织，为村民自治奠定社会基础，使村民通过组织化形式参与到民主进程，并激活村民自治的创造潜力（刘义强、陈明，2010）。

在乡村治理中，社会组织团体也起着纽带作用。刘明兴等（2010）指出有效嵌入到乡村并与农民群体打成一片的社团组织有利于化解基层的冲突。通过对地方性案例深入分析，徐林（2017）发现政府垂直管理网络和乡村网络对于推动孝心基金的作用和相关影响，并总结出农村治理体系中政府要吸收社会力量形成多元主体参与互动网络，避免强政府单一的行政管制。姜玉欣（2016）认为，在发展基层社会组织中要重点发挥基层党组织的引领作用，把乡村精英吸收进基层党组织的队伍中，提升基层党组织的活力和凝聚力，明确社会组织结构的各自权责并进行有效的权力制约。杨祥禄（2017）认为，以农村基层党组织为主线，通过建立完善农村基层党组织，树立为人民服务的理念。

针对乡村治理中的不和谐因素，要及时在基层化解矛盾苗头。例如，可以对村民进行普法教育并加强宣传力度，提升村民法治意识；动员培育村干部、调解员等组成调解员队伍，并对他们培训学习，把乡村矛盾在基层调解解决；借助互联网及时收集矛盾纠纷并依托网格式管理化解矛盾（马志翔，2020）。通过弘扬传统文化的精华、完善村规民约、及时排除群众的"微痛点"、发挥人民调解员作用、政府部门进行行政调解、司法调解和诉讼等多途径在基层化解矛盾（秦中春，2020）。

此外，还要通过重构乡土文化、弘扬社会主义核心价值观来加强自我规范。例如，重新定义现代社会的"面子"和重塑其文化结构，弘扬其正功能，让"面子"的规则、文化内化于心，通过这种信用货币作为一种自我约束的规范，提升自我和社会认同，维持社会公序良俗，巩固乡村治理的根基（董磊明，2017）。通过"四个意识"和核心价值观的宣传教育来提升人们对乡村共同体的认同，弘扬公共精神，承担公共责任，奠定乡村的规范根基（姜晓萍、许丹，2019）。

欧美等发达国家现代化进程早于我国，在乡村治理层面有着丰富的理论和实践经验。发达国家制定出系统的乡村发展治理规划的文件和规章，认识到社会组织和乡村精英在乡村治理中作用，并设计出自下而上从外部进行监督的治理结构，对我国的乡村治理有着积极参考意义，我国应结合本土的实际现状，对这些经验进行选择性借鉴。近年来我国提出了"新农村建设""乡村振兴战略"，我国自上而下对农村的重视力度在不断加大，我国学者较为全面分析了乡村治理中存在的问题和相应的解决措施。尤其是四川省近几年加大力度进行乡村治理制度改革，积累了丰富的治理经验。本研究将结合乡村治理中的问题和解决路径，进一步助推乡村治理现代化进程。

三、研究方法

基于上述文献回顾，研究者就必然追问：政府治理体系现代化会不会对乡村基层治理的基础进行全面重构？这种重构又应该如何开展，着力点是什么？研究者将本书的研究问题界定为中西部地区如何重构乡村基层治理基础，即中西部地区如何调整政府与社会的互动，形成多元主体共治格局，以及这种调整与改变对国家治理体系和治理能力现代化的影响。研究问题本身属于公共政策评价研究，既具有时间延续性，又具有空间广泛性；既是政府行为，又关乎群众切身利益。本书采用访谈法开展研究，访谈对象包括县级干部（如县委组织部、县民政局等部门的干部）、乡镇或街道干部、村干部以及乡村精英四个群体。其中，乡村精英的界定依据为在乡村社会具有较高声望和号召力，在乡村产业发展中先行先试，具有引领效应的村民。

针对四类群体分别编制访谈提纲，乡镇或街道干部、村干部使用同一访谈提纲。政府与社会的互动、多元主体共治是编制访谈提纲的理论基础，基本的理论假定是乡村治理改革增进了政府与社会的互动，激活了乡村治理的多元主体。将理论语言转化为访谈语言后，访谈紧紧围绕两个问题展开：一是乡村治理改革如何更新政府与乡村社会连接的组织链条和经济链条，这些链条如何逐渐被老百姓接纳并发挥作用。二是上述链条的更新拓展了哪些老百姓的能动性空间，老百姓如何创造性地表达了能动性，如看到了什么机遇、采取了哪些行动。访谈特别突出乡村治理改革前后的情况对比，以及对鲜活故事的发掘。访谈提纲中的每一个具体问题对应着理论基础中的具体维度，方便资料收集后的分析和写作。

本书的主要调查地点为四川省的W县、Z县和Y县。W县位于四川盆地东部、重庆以北、嘉陵江中下游，管辖面积966平方千米，有23个乡镇，276个村、48个社区，总人口85万。乡村治理改革前，全县乡镇平均户籍人口为1.8万人，建制村平均户籍人口1359人、平均常住人口629人；全县村常职干部1537名，平均年龄50.6岁，35岁以下占比仅13.9%，大专及以上学历163人，占10.6%；全县经济以种植业和养殖业为主，种植业主要种植水稻、玉米和红薯，养殖业主要饲养生猪、鸡鸭鹅，其产业规模小、价值低、品种单一。集体经济方面，收入2万元以下的村408个，占79.2%，收入10万以上的村14个，占2.7%。

Z县位于四川盆地中部、沱江中游、成渝线中段，县城有高铁站，乘坐高铁半小时可以到达成都，全县总人口为132万。乡村治理改革前，全县有33个镇、384个村、社区居民委员会66个、村民小组7259个。乡村治理改革后，镇减至22个，建制村减至301个，社区居民委员会增加至75个，居民小组增至502个，村民小组减少至2814个。村民小组平均户籍人口由126人增至336人，平均面积由0.21平方千米增至0.55平方千米；年龄60岁以下、初中以上学历的组长比例提升至90%。Z县全年生产总值为300多亿元，晚熟血橙产业经过30余年的发展，已形成了规模效应。

Y县地处四川省东部、华蓥山西麓、渠江和嘉陵江交汇的三角台地，辖区面积1479平方千米，总人口116万，常住人口74.3万。拥有川渝合作生物医药城、高品质公园城市、中国曲艺之乡、中国输变电之乡、中国米粉之乡、中国农家乐之源等多张名片，有生物医药、输变电、米粉3大优势产业。改革后，全县原43个乡镇调减为25个乡镇、2个街道，减幅37.2%；原812个村调减为400个（不含红庙），减幅50.7%；原57个社区增加至63个。乡镇平均人口从2.71万人增加至4.29万；村均人口从1218人增加至2417人。乡村产业以家庭式小规模分散式种养业为主，摸索"产加销一体""农文旅融合"发展模式。全县村集体经济年收入1万元~5万元的村有251个，占比30.9%，年收入5万元~10万元的村有54个，占比6.6%。

改革前，W县、Z县和Y县共同存在以下几个方面的问题：一是乡镇和村数量多、分布密集化。二是人口少、空心化严重。由于大多有知识、有技能的农村青壮年外出务工，融入城市化建设，建制村的平均常住人口少。三是集体经济实力弱。W县和Y县多数村级集体经济规模年均不足2万元，大部分村收入来源以集体资产出租承包为主，未能形成有主导性的优势集体产业。Z县集体经济发展情况好于W县和Y县，但与沿海地区相比仍存在较大差距。四是选人难、村干部老弱化。村干部后备力量薄弱，部分村干部年龄较大、文化程度偏低，村常职干部"青黄不接"等问题突出。这些问题影响到了政府与社会之间的良性互动，不利于调动乡村治理主体的积极性，形成多元主体共治格局，这也正是乡村治理改革要解决的问题。W县、Z县和Y县的情况具有典型性，能够较好地回应研究问题。

本书的访谈对象为W县、Z县和Y县的县级干部、乡镇（街道）干部、村干部和乡村精英。访谈问题聚焦于乡村治理改革前后政府与社会的互动变化情况、乡村治理主体积极性变化情况，需要在县民政局、县委组织部的支持下找到参与乡村治理改革工作、熟悉乡村实际情况的干部、村民和乡村精英。鉴于研究问题对访谈对象的基本要求，以及获得政府支持的实际情况，本书采用判断抽样和滚雪球抽样相结合的方式确定访谈对象。具体操作方式为：研究人员向县民政局、县委组织部对接人员阐明对访谈对象的基本要求和人数规定，县民政局、县委组织部对接人员按要求确定县级干部访谈对象，由参与访谈的县级干部推荐乡镇（街道）干部访谈对象，再由参与访谈的乡镇（街道）干部推荐村干部和乡村精英访谈对象。按照此种方法，共对65位访谈对象开展了结构式访谈。其中，县级干部15人，乡镇（街道）干部和村干部35人，乡村精英15人，形成了9万多字的访谈录音整理稿。

访谈资料的编码规则为年月日+访谈地点代码+访谈对象身份代码+访谈对象顺序号，如2021年3月10日对W县县领导进行的访谈形成的访谈资料编码为20210310－WS－XLD1。按照设计访谈提纲时划分理论基础的基本维度，即国家与社会互动的组织连接、经济连接，乡村治理中县级干部、乡镇（街道）干部、村干部、村民、乡村精英的主体积极性和村级党建的能力提升三大维度，对访谈资料进行归纳整理。访谈资料能够有效地回应研究问题，访谈对象的一些话语精辟地描述了乡村治理改革前后的变化。这些定性表达被运用到论文写作中，增强了本书语言的生动性。

为获得宏观层面的数据和资料，本书还搜集了大量四川省关于乡村治理改革的政策文件、调研报告、期刊论文、统计数据等文献资料。在开展实地调查的三个县，当地干部向我们提供了包含当地在人口、乡镇区划、村级建制、产业基础、村级组织方面基本情况介绍的文字稿。这些二手资料与一手访谈资料一起，建构起了回应研究问题的较为全面和立体的信息库。

四、研究框架

本书将乡镇以上的政府组织视为国家力量，将村两委班子、村集体经济组织、村群众性组织、村民等形成的村庄场域视为社会力量，将这两种力量所包含的行为主体视为乡村治理中的多元主体。在四川省乡村治理改革的实践情境中，通过观察改革前后四川乡村政府与社会互动情况的变化，以及乡村治理主体积极性的变化，探索乡村治理体系现代化概念下的技术维度、政策维度、规则维度的实现空间，进而思考乡村治理改革对于提升国家治理能力的意义。

本书共分七章：第一章，绪论。介绍了研究背景、国内外研究现状、研究方法、研究框架。第二章，新时代乡村治理的理论与现实基础。主要阐述新时代乡村治理理论的提出和发展、基本内涵、目标与主要内容，还有目前乡村治理的四重维度以及新时代乡村治理的政策体系与多方协同治理的路径。第三章，介绍四川省推进乡村治理改革的动因、区域特征与案例以及四川省乡村治理改革的举措、基本成效与意义。第四章，主要介绍四川省乡村治理机制的多维度优化，总结了四川省乡村治理带来的乡村治理主体优化、乡村治理体系优化、乡村治理资源优化基本情况。第五章，阐述了四川省乡村治理改革中政府与社会互动的体系优化，梳理了四川省乡村治理改革促进了组织链条优化、村集体经济优化、文化链条优化。第六章，总结四川省乡村治理改革的结论与启示。第七章，总结四川省乡村治理改革的经验并提出推进乡村治理体系现代化的经验路径。

第二章 新时代乡村治理理论与现实基础

一、新时代乡村治理理论的提出和发展

（一）党的十八大时期乡村治理理论的初步形成

自党的十八大以来，随着社会主义现代化的持续推进和社会经济的稳步发展，我国的乡村治理步入了一个全新的历史时期。党的十八大报告中明确提及"要健全基层党组织领导的充满活力的基层群众自治机制"。党的十八届三中全会着重提及推进国家治理。我国已进入一个全新的历史时期，我们的国际地位和综合国力都已显著提升。要想推进实现国家治理的现代化，就必须妥善处理好乡村这"最后一公里"难题。因此，要推动实现国家治理现代化，当务之急需要创新社会治理体系，优化社会治理的方式，从而实现居民自治和政府治理的双向互通。党的十八届四中全会从建设社会主义法治国家的角度，提出持续推动法治社会建设，实现基层治理法治化。党的十八届五中全会提出打造形成社会治理格局。这些都集中体现了在推进国家现代化体系进程中，乡村治理体系作为国家治理体系中的重要组成部分正在日益完善。政府与乡村之间的关系正在不断革新，处于从传统的治理模式向现代化治理模式蜕变的过程中。

（二）党的十九大以来乡村治理理论的正式形成

党的十九大报告中明确提出关于乡村振兴战略的20字总要求，较之党的十六届五中全会提出建设社会主义新农村的20字要求，在乡村治理方面要求由"管理民主"向"治理有效"转换，更为严格。实现高标准定位，有效治理的实现需要依托完善的乡村治理体系。党的十九大报告中明确提出"加强农村基层基础工作，健全乡村治理体系"。2018年的政府工作报告与中央一号文件都提到了建立健全乡村治理体系，逐步明确了"乡村治理体系"的表述。2019

年的中央一号文件的提法为"建立健全党组织领导的自治、法治、德治相结合的领导体制和工作机制",并且提出了要"积极开展乡村治理体系的建设试点和示范村镇的创建",进一步阐明乡村治理体系仍然处于日益完善的过程。2019 年的《中共中央国务院关于建立健全城乡融合发展机制和政策体系的意见》明确了接下来的工作方向,重点是建立健全乡村治理体系。2020 年中央一号文件中明确对党组织领导、乡村治理工作体系、平安乡村建设、乡村矛盾纠纷化解等方面提出了更为细致要求。2021 年中央一号文件中提出"加强党的农村基层组织建设和乡村治理。充分发挥农村基层党组织领导作用,持续抓党建促乡村振兴"。2022 年中央一号文件提出从加强农村基层组织建设、创新农村精神文明建设有效平台载体、切实维护农村社会平安稳定等方面突出实效,改进乡村治理。2023 年中央一号文件明确从强化农村基层党组织政治功能和组织功能、提升乡村治理效能、加强农村精神文明建设等方面健全党组织领导的乡村治理体系。我国陆续出台的关于乡村治理的政策持续丰富了乡村治理理论,为充实乡村治理理论提供了制度支撑,为指导乡村治理实践提供了理论支撑,为进一步实现乡村治理和国家治理现代化奠定了基础。

综上所述,新时代我国乡村治理理论较之党的十八大之前的乡村治理理论,是一以贯之、与时俱进的。党的十八大以前关于乡村发展的理论是新时代中国共产党乡村治理理论的重要理论渊源之一,历届中央领导人都十分重视三农的发展。但是由于每个阶段所处的历史背景差异,对于农村的管理模式也有诸多不同。例如,完成三大改造以后,在合并高级社的基础上,组建起了人民公社,形成了"政社合一"的人民公社机制,但在后续发展的过程中"政社合一"的人民公社机制存在的问题日益凸显,经实践证明是违背农村社会正常发展的规律。在改革开放初期,家庭联产承包责任制开始推行,人民公社机制已不能适应发展的需要。随着政策调整,开始试行"乡政村治",乡镇政府和村委会之间职责明确,乡镇政府监督指导村委会进行工作,但不具体干预,村委会在自身的职责范围内,配合乡镇政府组织协调工作。随着社会经济的快速发展,我国社会的主要矛盾也发生了调整变化,乡村同时也面临着很多新问题,从而以多元主体共同参与治理的乡村治理体制悄然兴起,这种体制对于促进我国乡村社会的发展举足轻重。我国的乡村治理经历了从乡村"管理"到"治理"的过程,一直兼顾时代性与现实性的统一,在吸收马克思主义关于乡村治理的相关理论和中国共产党十八大之前乡村治理理论的根基上,结合社会发展需要,接下来每年的中央一号文件中都对乡村问题进行谋划,不断强调中国共产党的重要领导作用,因此新时代中国共产党的乡村治理理论是对社会发展现实的回应。不仅如此，中国共产党关于乡村治理理论的内容日趋丰富，涉及乡村的政治、经济、文化、生态等多个方面，参与的主体更加多元，参与范围更加拓展，治理更加有效，决策更加民主。

二、新时代乡村治理的基本内涵和目标

（一）新时代乡村治理的基本内涵

党的十九大正式提出乡村振兴战略，我国乡村治理涵盖的内容也更加丰富。乡村振兴并不是要取代乡村治理，而是对乡村治理内涵的进一步拓展。乡村治理的内容涵盖政治、经济、生态等多个层次，乡村治理的维度包括主体、方式、权力、问题和目标等。从乡村治理内容上看，一是始终坚持基层党组织在乡村自治中的领导作用，发挥党员的先锋模范作用，提升村民自治的能力，进一步创新和丰富村民议事协商的形式；二是提升乡村的德治水平，培育文明乡风，践行社会主义核心价值观，深入发掘道德模范，发挥道德模范在乡村中的领头雁作用；三是加强乡村的法治建设，推进平安乡村建设，建立健全乡村矛盾化解机制，严厉惩处基层的腐败行为，建设法治乡村；四是完善农村基础设施建设，加强农村的交通、水利、清洁能源、教育、卫生、文化体系等多方面的基础设施建设。乡村治理实现了从治理主体一元化向治理主体多元化的转变，目前乡村治理的主体包括乡镇政府、村委会、基层党组织、村民和乡村社会组织等；乡村治理的方式主要是自治为基础、法治为根本、德治为优先；治理的目标主要是以人民为中心，实现乡村治理成果由村民共享，推进实现乡村治理现代化。

（二）新时代乡村治理的目标

我国十四五规划已经开启，已步入全面建设社会主义现代化国家的新征程。乡村是目前我国社会发展的短板，实现社会主义现代化离不开乡村的现代化，需要建立健全现代乡村社会治理体制，健全党组织领导的乡村治理体系，构建乡村社会治理格局，增强农民的认同感和幸福感。在《乡村振兴战略规划（2018—2022年）》中，我们党提出要在2018年至2022年，实现农村地区全面小康，为基本实现农业农村现代化奠定基础。到2022年乡村治理能力进一步提升，初步形成现代乡村治理体系。2035年乡村的公共服务、公共安全保障水平等各方面取得明显提升，乡村治理体系更加完善，乡村治理体系和治理

能力基本实现现代化。

三、新时代乡村治理的主要内容

（一）健全党领导的三治结合的乡村治理体系

党的十九大报告指出要健全自治、法治、德治相结合的乡村治理体系。自治、法治、德治之间是互为补充的，三者的有机融合对于乡村治理实践具有重要的指引作用。

1. 党的领导是乡村治理的政治基础

新时代中国共产党的乡村治理理论是中国特色社会主义理论的有机组成部分，中国共产党的领导对于农村地区的建设来说举足轻重。习近平总书记尤其强调乡村基层党组织的建设工作，在 2017 年参加党的十九大贵州省代表团讨论时，习近平总书记就提到基层党建一定要夯实，否则基础不牢地动山摇。2019 年中共中央印发的《中国共产党农村工作条例》中明确规定：要始终坚持中国共产党对乡村工作的全面领导。因此加强基层党组织建设为实现乡村有效治理奠定了政治基础。

（1）中国共产党的政治领导是乡村治理的根本保证。政治功能是基层党组织的首要功能，突出政治功能，才能把基层党组织建设成为乡村治理中的坚强战斗堡垒，把基层党组织的引领纵贯于乡村治理的全程。将党的政治优势转化为治理优势，对于加强乡村治理具有重要的作用。这就要求各级党委要把乡村治理工作放在农村各项工作的核心地位，积极进行乡村治理试点，研究和解决乡村治理过程中遇到的问题，与此同时各级党委要认真贯彻落实党中央的政策措施，定期向党中央、国务院汇报乡村治理的工作情况。农村基层党组织的核心主力是基层党员，坚持党的领导，加强政治建设，首先需要解放基层党员的思想，发挥党员在乡村治理中的先锋模范作用。基层党员干部是国家意志在农村的推广者，协助上级政府推进工作，并按照自治规则处理乡村的各类事务，是政府与村民之间的桥梁。党员同志要学习贯彻乡村治理的要求，积极宣传党的主张，严格执行党的决定，密切联系群众，真正做到服务好群众，带动群众积极参与乡村治理，引领各类乡村治理主体对于乡村治理达成共识。乡村治理的制度、政策等各方面都还在不断研究探索优化，基层党组织要发挥统领作用，引导各治理主体积极探索乡村治理规律并及时对治理经验进行总结，在乡村治理的目标与路线层面取得共识，积极践行新时代的乡村治理理念。对于少部分人在思想统一过程中出现的错误认识和有冲突的观念，要帮助其及时纠正，以形成正面引导。其次提高基层党员的理论知识和素养水平，形成对农村党员的管理和监督教育的常态化机制，落实"两学一做"学习教育，指引党员干部认真贯彻落实党和国家出台的各类政策及文件，推动乡村治理真正落实到乡村"最后一公里"。

(2) 中国共产党的组织领导是乡村治理的基石。党组织要在农村发挥其领导作用还需要提高其组织领导能力。要建设具有良好素养的党员队伍，就必须优化党员队伍结构。基层党员干部在乡村治理中处于领头雁的重要地位，基层党员干部的选拔和任用是乡村治理中的重要环节。在基层党员干部选拔任用时，要把政治标准放在首位，做到精准选拔，提高候选人素养，优化干部队伍，选拔一批政治觉悟高、能力强、勇担当的党员干部，为乡村治理提供新思想，创新乡村治理方式。深入贯彻落实党中央的决策部署，引领乡村治理朝着党制定的方针路线开启新征程。完善基层党组织的组织体系也是重要一环，切实加强对基层党员干部的学习和培训，严控教育、管理、监督，引导基层党员干部学习党史党建、乡村治理等知识，提升思想素质和治理能力，增强其责任感和使命感。加大对基层党员干部的监督力度，优化考核方案，促进基层党员干部向科学化、规范化方向发展。完善乡村基层党组织研究讨论机制，强化基层党组织对村级各类组织的组织领导，多元主体合作共同推进乡村治理，确保乡村治理的有效性和科学性，充分保证乡村治理过程的合法性和合理性。

(3) 中国共产党的思想作风建设是乡村治理的保障。中国共产党历来重视作风建设，毛泽东同志曾经提出中国共产党的三大优良作风：理论联系实际的作风、和人民紧密联系在一起的作风、批评与自我批评的作风。农村基层党组织同样需要深化作风建设，加强基层组织、队伍、体系、基本保障的建设，整顿基层党组织软弱涣散的风气。全面落实农村党风廉政建设，加强对农村党员干部的监督和管理，弘扬清风正气，增强基层党员的党性修养。除了外部监督，基层党员的自我批评也非常关键，基层党员需要时刻严格要求自己，永远保持清醒的头脑和清廉公正之心，做到"吾日三省吾身"，这样批评与自我批评相结合，对于解决党内矛盾、强化作风建设具有深远意义。农村基层党组织根植于农村，党组织开展工作离不开农民，应始终坚持从群众中来到群众中去，以最广大人民的利益为出发点和落脚点。正可谓得民心者得天下，党组织的领导工作在农民的支持和拥护下才能开展得更为顺利，乡村治理才能早日实现现代化。

2. 村民自治是乡村治理的基本形式之一

我国大部分农村地区的治理方式主要是乡政村治，但是随着社会主要矛盾发生变化，仅仅采用这种治理方式已经难以满足村民日益增长的物质文化等需求，这在一定程度上"助长"了宗族势力，不利于乡村治理体系的正常发展。因此，以基层党组织为核心，多元治理主体共同参与治理，将会弥补上述不足之处。由基层党组织落实乡村治理的具体工作，确保党的各项政策部署能够在农村地区有效贯彻落实；村委会充分发挥好村民自治的作用，管理好本村日常事务，及时反映村民的建议和意见，起到上传下达的作用；其他社会组织作为基层党组织和村委会的功能补充组织，需充分发挥自身作用，满足村民日益增长的多元化需求。农村基层党组织协助乡镇政府和村委会推进农村工作，深化村民自治的机制与实践，推进民主选举等方面的制度机制进一步完善。一方面，党的领导贯穿于村民自治的各个层面。无论是党领导下制定的乡村自治相关条例以及政策法规，还是村民自治的典型经验推广，或是在党的领导下以及基层党员干部的带动下推进的自治实践，都说明党的领导是基层群众自治顺利进行的坚强保障。另一方面，党对村民自治的领导，不仅便于及时总结推广村民自治实践中的典型经验，把优秀的经验提升到政策高度，还利于在实践中及时发现并解决出现的问题，使村民自治沿着正确的道路顺利推进。改革开放初期，在实行家庭联产承包责任制的大背景下，我国开始试行村民自治制度。然而在实践过程中，忽视了农村自治的工作，从而导致村民自治范围缩小。但随着社会经济的不断发展和社会主要矛盾产生了变化，农村社会也发生了天翻地覆的变化。上级政府很难及时准确了解村民诉求，这就需要村民、社会组织等多元主体共同参与乡村治理，形成多元主体共同治理格局，与政府一起进行乡村治理。村民长期生活在同一地区，由于内部血缘姻亲关系、传统习俗等形成强大的"熟人社会"。这样的"熟人社会"构成对村民自治来说形成一种非正式权威。因此德治是法治一种良好的补充方式，在法律不能有效管理的地方，德治可以充分发挥其功能，构建良好的农村秩序。无论德治还是法治，共同的目标都是促进乡村自治良性运行。农民在法律的约束下积极主动参与乡村事务的管理和监督，实现自我教育、自我管理和自我约束。通过村务监督体系的建立健全，监督干部廉洁情况，实行村务公开，确保村务公开常态化、透明化。

3. 法治是乡村治理的保障

坚持依法治国是新中国成立 70 多年以来实践的经验总结。党的十五大正式将依法治国写进宪法；党的十六大提出了把坚持党的领导、人民当家作主和依法治国有机统一起来。随着依法治国实践的持续推进，法治建设拓展到农村地区。实践证明，通过立法将党的涉农政策上升为法律，有利于乡村治理工作在制度范围内规范运营，可以更好地建设农村地区。基层党组织引领农村法治建设，保障农村法治进程的有效推进。通过建立制度，在农村树立权威，乡村治理体系中的法治需要依靠党组织的相关制度来确保农村法治建设始终同党中央的政治立场、方向和原则始终保持一致。在农村法治化进程中，坚持重大事项实行民主协商和民主决策，防止法治化进程中出现弱化、虚化和内卷化现象，促进群众自愿认同、参与到法治化建设中，密切联系群众，确保农村法治化建设有效落实，实现农村地区的稳定和谐。首先是随着乡村地区的发展和社会主要矛盾的变化，村民的利益诉求日趋多元化，城乡和地区间发展的不平衡使农村地区的矛盾日益凸显。基层党组织应主动发挥其领导核心作用，通过"送法下乡"深入群众，可以围绕农民群众重点关注的与自身利益相关的问题，有针对性地提供法律服务，解决农村存在的实际问题，也可以增强乡村法治的权威性。其次是基层党组织需要依法依规领导乡村相关事务，用法治的标准来检验乡村治理的目标和过程的有效性、可行性，加强对权力的制约，避免乡村公权力"私有化"。总而言之，基层党组织引领乡村法治建设，依托基层党组织的组织优势，在解决乡村的具体问题中树立起法治的权威，奠定乡村治理法治化的基础。法治是乡村治理的重要手段。前面提及德治是法治的一个有力补充，同样德治也需要法治来约束，二者是相互作用、相辅相成的。在乡村地区，如果仅依靠道德来约束村民行为，效果肯定大打折扣，甚至会出现拉帮结派、宗族势力少数人控制话语权等问题，导致乡村治理推进困难重重。为此需要法律来约束规范这些行为，确保其他村民的权益不受侵犯，促进乡村自治的顺利进行。此外，在政策执行过程中，由于要经过中央、省、市、县到乡村传递多个层级，在这个过程中可能出现因基层公务人员或者村民法治意识薄弱，导致政策落地效果与初衷大相径庭。因此基层政府应首先做好有关人员的培训工作，提升乡村工作人员的法律意识和合法管理能力。此外还要发挥好引导和宣传作用，普及法律知识，借助新媒体手段发挥宣传作用，确保每个村民都能懂法、守法、用法，从而提升乡村法治的水平。

4. 德治是乡村治理的支撑

与法治不同，德治是一种无形的、内化于心的治理方式，是一种依托传统的乡村道德文化构建的乡村治理机制。基层党组织引领乡村德治，一是通过基层党组织的感召力和组织力，积极弘扬新时代中国特色社会主义核心价值观，开展喜闻乐见的文化活动，将本土文化元素与新时代社会价值观融合，构建多元价值体系，保证乡村社会秩序良性有效运转，让乡村治理的德治观念深入人心，更好地规范人的行为，协助法治规范秩序。二是基层党组织通过选拔人才，吸引精英到基层历练，充分发挥精英的政治引领作用，形成良好的乡村社会氛围。德治作为一种文化软约束，以道德伦理为准绳，为乡村治理提供了强有力的支撑。德治由来已久，但是必须有自治组织作为载体和法治作为保障，否则极有可能沦为人治。筑牢乡村治理根基，以德治为动力，实现德治与法治、自治的密切融合，从内心情感上规范人们的行为，维持乡村秩序的稳定。随着社会的发展，乡村治理过程中出现了一些不和谐现象，不利于新时期村民自治推进，增加了法治的难度，需要通过弘扬社会主义核心价值观，用道德规范人的行为，提升村民的道德素养；乡村发展过程中形成的村规民约是村民高度认可的道德规范，在乡村治理中发挥着重要的作用。在不损害国家和人民利益的情况下，如果仅依靠法律强制力手段约束人们的行为，将不利于推进乡村治理，反之被村民认可的乡村德治约束会在法律无法发挥作用的领域进行弥补。通过德治的教育作用，弥补法治的刚性，因此德治作为自治与法治的重要补充，在德治基础上实行自治和法治会更为顺畅。

5. 自治、法治、德治三者有机融合是乡村治理的基本要求

构建自治、法治、德治相融合的乡村治理体系是实现乡村治理现代化的需要，自治、法治、德治虽然定位和发挥的作用也不尽相同，但并不是相互独立，而是相辅相成、互相促进的关系，共同致力于实现乡村治理有效的目标。随着市场经济的发展，乡村治理运行机制从"管理"转为"治理"。自治、法治和德治相结合的乡村治理体系既是优势互补，又能体现整合效应，这样的整合往往是优于单一或两两结合的治理方式。乡村治理体系是我们党在新时期下推进乡村治理的重要方式，党的十九大提出乡村振兴战略，构建满足人民对美好生活的需求的乡村治理体系被确定为目标。在农村地区，村民的利益诉求也发生变化，农民对于美好生活的需要表现更加多层次、多样化，不仅体现在对于衣食住行等物质层面的需求，还体现在对于法治、公平等精神方面的需求。随着经济的发展以及各方面物质资源向农村的延伸，人们的物质需求基本可以得到满足，而自治、法治、德治相融合的乡村治理体系可以满足人们对于法治、公平等精神方面的需求。以自治保障村民参与乡村治理，为乡村治理出谋划策，充分发挥村民在民主选举、民主监督等方面的作用，满足他们参与民主

政治的诉求。法治通过法律手段保护村民的合法权益，维护乡村的公平正义，在村民中树立法治的观念，确保农村的稳定。德治中蕴含的传统美德，可以起到软约束的作用，弘扬道德风尚。三者融合，不仅能够满足人民对于民主、公平等美好生活的向往，又能适应社会主要矛盾变化后国家治理的需要。

（二）建立乡村社会治理体制

1. 实行党委领导、政府负责、社会协同、公众参与、法治保障、科技支撑的乡村社会治理体制

随着社会经济的进步，我国社会矛盾产生变化，人民群众的利益诉求逐渐多元化。党的十九大报告指出我国的社会主要矛盾已经发生变化，因此需要建立和完善社会治理体系来维护社会稳定，实现公平正义。为此中央提出：加强社会治理制度建设，完善党委领导、政府负责、社会协同、公众参与、法治保障的社会治理体制。社会治理的重点主要落实在城乡社区，在我国实施乡村振兴战略过程中，随着城镇化的发展，城乡矛盾日趋加深。因此必须创新乡村治理体制，在实践过程中，社会治理体制重心转向农村治理，在2018年乡村振兴战略规划中提出：建立健全乡村社会治理体制，推动乡村组织振兴。随着科技进步，现代科技手段逐渐被大众接受，通过统筹运用大数据、物联网、云计算等方式，提升社会治理效能和水平得到了强有力的科技支撑。因此2019年《关于加强和改进乡村治理的指导意见》中科技支撑被纳入乡村社会治理体制中，形成了四个治理主体与两种治理手段相结合的乡村社会治理体系。

2. 充分发挥各类治理主体和手段的作用

《中共中央国务院关于实施乡村振兴战略的意见》提出，要把夯实基层作为固本之策，建立健全现代乡村社会治理体制。实现乡村有效治理，就是要发挥好党委、政府、社会、公众等各类主体的作用，实现协同治理。

（1）坚持党委领导。20世纪60年代的"枫桥经验"作为乡村治理的重要经验，经过不断创新优化，仍然引领着我国的乡村治理发展，历时50多年后仍然具有深刻的现实指导意义，它的优势在于始终坚持中国共产党的领导。浙江桐乡以"枫桥经验"为借鉴，进一步开展乡村治理的实践探索。从"枫桥经验"到"桐乡经验"彰显了党的领导对于乡村治理的重要意义。在乡村治理共同体中，党与政府、社会组织和群众等治理主体是领导与被领导的关系。各类治理主体需统一在基层党组织的领导下，充分发挥各自的优势和价值共同参与

乡村治理，处理乡村治理中的各类事务。坚持党的领导，首先要健全乡村治理中领导制度的建设，首先是健全乡村治理体系中治理主体的机制建设，明晰基层党组织和村委会之间的权力分配关系，对村委会的权力进行确权放权改革，把原本属于基层党组织的权力拿回来，充分运用。其次是健全基层党组织领导乡村治理的各层面的制度建设。只有党的领导涵括到乡村治理的各个领域，才能确保乡村治理稳步实施。《中国共产党农村基层组织工作条例》中规定了乡镇党委和村级党组织领导乡村的各类组织和各项工作。基层党组织要注重自身组织建设，提高其在乡村治理中的领导能力，认真贯彻落实党中央的路线方针与政策，积极将党的意志传达给群众，调动群众参与乡村治理的积极性和主动性，提升基层党建质量，促进乡村建设。

（2）坚持政府负责。在乡村治理中，政府是贯彻党和国家路线、方针、政策的责任主体，是乡村社会事务的负责者，是保证乡村实现有效治理的重要保障。资源下乡后，农村公共事业的建设基本是由政府负担的。与资源下乡相对应的是国家权力下乡，村级治理行政化成为普遍现象。但是行政过多干预，会使得乡村的公共性消失甚至导致乡村自治的空转。乡镇政府要以实现乡村有效治理、实现国家治理现代化为重点，推进地方政府机构改革，借鉴经济发达地区乡镇推进行政管理体制改革的经验，满足乡镇工作的特点和便民服务的需求，构建起简洁与高效的基层管理体制。乡镇政府应该明晰定位，正确履行自身范围内的职责，对于应该由村委会管理的事务给予帮助扶持，但不过多干涉。一方面，乡镇政府需要完善权力责任清单制度，同时明确政府管理范围；另一方面乡镇政府应完善管理与服务职能，把政府的责任落实到位。2013年习近平总书记强调学习"枫桥经验"，其中一个经验是政府负责，在党的领导下，乡镇政府各部门各尽其职、协调一致、积极参与乡村治理，厘清乡村治理和政府参与的边界，克服乡村治理行政化倾向，实现村委会和乡镇政府之间的双向互动。

（3）加强社会协同。实现乡村有效治理需要社会组织的协同合作和广泛参与。村集体经济组织是农村集体经济的载体，要积极拓展农村集体经济的发展形式，充分调动乡村社会组织的专业功能，实现乡村各类社会组织的协同共治。通过加快农村产业的转型升级，推进乡村社会组织的转型升级。《乡村振兴战略规划（2018—2020年）》提出："大力培育服务性、公益性、互助性农村社会组织。"乡村作为国家治理中的"最后一公里"，其中的各类社会组织要在现有政策、文件的指导下，充分发挥其对于乡村经济、政治、文化等的积极作用和专业效能，提供精细化服务，依托自身优势协助基层党组织、基层政府以及其他治理主体做好乡村治理的相关事务，从而带动乡村经济社会的发展、文化的繁荣和生态环境保护。

（4）提高公众参与热情。公众广泛参与乡村治理，彰显了人民当家作主，而农民作为乡村治理的主体，他们的参与积极性是推动乡村有效治理的重要动力。由于历史和现实的原因，部分村民的民主参与意识不强，要改善这种情况，必须提高村民的民主参与的自觉性与积极性。《中华人民共和国村民组织法》规定保障村民的民主权利，这扩大了村民参与乡村自治的范围，提高了他们参与积极性。

（5）加强法治保障。乡村治理离不开法治的有力保障，依法治国也需要依法治村，各类治理主体要实现协同共治，必须有法治作为保障。新时代乡村治理通过推进法治建设，建立和完善乡村治理的法治保障体系。首先是加强乡村治理的法律制度建设，巩固乡村治理的法律基础，成立专门的乡村法律服务机构，为乡村社会发展有针对性地提供相应的法律服务；其次是加强各类组织、各部门依法行政的制度建设，构建政府主导、社会组织共同参与的运行机制，明晰社会组织之间的权力分配，充分调动乡村法律服务提供者的积极性，形成合力，用法律制度规范组织行为，创新乡村治理的监管模式，使多元化治理在法治轨道上稳步运行；最后是加强乡村地区的普法力度，强化农民群众的法治观念，树立法治意识，建立健全农村法律服务体系，推进法治乡村建设。

（6）强化科技支撑作用。科技对于乡村治理的推进举足轻重，继续鼓励农业关键核心技术攻关，部署农业科技工程，大力推广优质、高效的现代农业技术，加强农业生物技术的研发投入，加快农业技术的改造升级，加大智能化机械设备的投入和研发力度。培养农村科技人才队伍，提升农业生产的综合能力，为农村社会的建设提供强有力的科技支撑，保障农村粮食安全，增加农民收入，依托农业科技加快社会主义新农村建设。深化互联网服务，拓展乡村宽带网络服务的覆盖面积，实现数字兴村，此外要推进物联网、智能设备等现代技术深入农村，推广远程教育、医疗和金融服务，打造智能化的新型乡村建设。

（三）健全共建共治共享的乡村治理格局

党的二十大报告中提出健全共建共治共享的社会治理制度，这是对我国以往社会治理经验的提炼和总结。共建共治共享是三个紧密相连的有机主体，它们从治理主体、手段、目标三个方面展现我国社会治理制度的逻辑体系和基础要素，彰显了我国社会治理制度的优越性（如图2-1所示）。

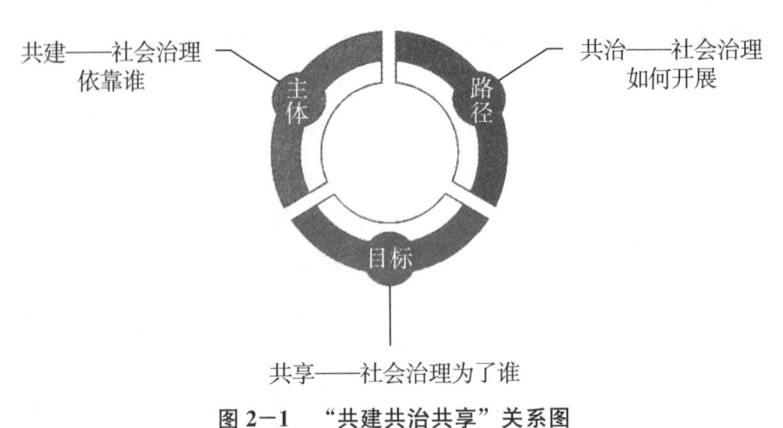

共建——社会治理依靠谁　　　共治——社会治理如何开展

主体　　路径

目标

共享——社会治理为了谁

图 2-1 "共建共治共享"关系图

1. 共建是乡村治理的基础

共建广义上指各主体共同参与社会建设。从乡村治理角度，共建回应了"谁来进行治理"的问题。基层政府在乡村治理中要坚持党对乡村工作的领导，不仅要参与乡村事务和制度建设，还需要吸引农民和农村其他社会力量共同参与乡村治理。农民既是乡村地区的受益者，也是必不可少的参与者。共建需要明晰界定各治理主体的职责，坚持党对乡村治理的统一领导，调动农民和农村其他社会力量参与乡村建设的积极性，提升各主体建设乡村的能力，形成多元化、多层次、多渠道的乡村治理模式。改革开放初期，实行家庭联产承包责任制，"乡政村治"体制逐渐取代了人民公社体制。经过40多年的探索，乡村治理取得了显著成效，然而随着农村社会结构变化、社会矛盾的调整和科技的发展，传统的"熟人社会"也悄然发生了变化。村民对参与乡村事务缺乏积极性，在乡村建设过程中，各种问题日益突出。单一的传统治理主体模式已经无法满足乡村治理的多元化需求，乡村治理难度逐渐增加，对于多元治理主体共同参与乡村建设的需求日益增加。要解决乡村治理中暴露出的问题，重点是培育参与共建的治理主体。基层党组织和乡镇政府应充分整合各方资源，增强村民的幸福感，以提升村民的认同感和凝聚力。在政府统一主导下，密切联系各类社会群体，吸引乡村各种社会组织加入乡村治理队伍，并为其参与乡村治理、提供社会服务提供保障，实现多元主体共同参与乡村治理，形成人人有责、人人负责的乡村治理氛围。

2. 共治是乡村治理的关键手段

共治指各参与主体共同参与治理。根据马斯洛的需求层次理论，当人的物质条件得到满足后,人们会有更高层次的需求,随着我国物质条件逐渐改善,人们不再满足于单纯的吃饱穿暖等基本需求,而对社会层面的公平、民主等精神层面提出高层次需求。共治回应了"治理主体运用什么手段和方式参与乡村治理"的问题。随着改革的持续推进,传统的乡村治理模式已经不能适应乡村社会发展的需要,乡村更需要的是不同主体之间的平衡,而不是单一主体的主导。共治作为乡村治理的关键手段,更多的是注重多元主体的共同参与。政府对农村不再是单向输入,而是双向沟通,可以听取村民的意见和建议,将村民纳入治理主体中,提高村民的参与意识,确保民主的科学性和公开性。此外,共治还离不开法治的保障,法治贯穿于共治全程,不断培养村民的法治思维,提高村民运用法治解决纠纷、维持秩序的能力,营造良好的乡村法治环境。近年来,乡村公共设施不断丰富,公共服务体系持续优化,公共物品的存在难免出现人为的排他性,这就需要引导治理主体形成公共意识,在基层党组织、乡镇政府和村委会的配合下引导村民积极参与管理村庄事务。

3. 共享是乡村治理的根本目标

共享指各治理主体共同享有治理成果。马克思主义唯物史观揭示了人民群众是历史的创造者,共享阐明我们党和国家始终坚持以人民为中心的原则,确保人民共享发展成果。然而由于地区间发展不平衡,少部分人并没有充分享受到发展的成果。通过完善乡村治理,实现乡村安定有序,提升村民的幸福感和获得感。构建乡村社会治理格局,始终必须坚持以人民为中心,把党的领导核心优势转化为治理动能,建立健全民主机制,完善乡村法治,积极为村民谋利益、干实事,解决村民最关注的问题,完善乡村公共服务体系,推进公共服务均等化,让发展的成果更多更好地惠及乡村地区。随着经济实力的日益增强,人们对于物质生活和精神生活的需求与日俱增,党和国家坚持以人为本,首先要从解决最直接关系村民的问题着手,通过构建乡村治理格局,解决乡村治理过程中与村民利益相矛盾的问题,逐步提高农民的幸福感。总而言之,新时代中国共产党乡村治理理论的内容尤为丰富,实践需要理论的指导,理论也需要通过实践来进一步丰富和完善。要完善乡村治理体系,构建乡村治理格局的根本追求,指导乡村治理实践,为实现乡村治理的目标和前景奠定坚实的理论基础。要在推进乡村治理实践的过程中,通过解决各种问题,探索多种实现路径,进一步丰富乡村治理理论的内涵,完成理论的提炼升华。

四、新时代政府治理视域下乡村治理的四重维度

政府对乡村治理的干预为乡村治理提供了强有力的政治保障和宝贵的公共资源（政策资源、财政资源、人力资源等），并推动乡村治理迈向规范化、制度化的轨道，是乡村治理必不可缺的依托。目前乡村治理的研究涉及多个维度，其中四个维度尤其值得关注，即治理维度、制度维度、文化维度、经济维度。这四个维度诠释了政府介入乡村治理的必要性和合理性，并提出了介入的具体机制，为乡村治理步入现代化的"善治"提供了诸多可供借鉴的思路和方向。

（一）治理维度

治理维度是乡村治理的关键之举，单从治理的现代化内涵来看，这一研究维度由于界定政府介入的范畴、边界、模式等基本考量而被广泛应用。治理维度涵盖协商民主、精英治理、组织参与，它们的共同点是为乡村治理提供了三个治理主体：村民、乡村精英、乡村社会组织。本书的治理维度是从参与治理的三个主体的层面展开。政府介入有了三个着力点——充分参与民主协商、精英治理和乡村社会组织。宋连胜、白启鹏等细致分析了农村基层民主协商的价值和意义，提出农村基层民主协商是农村民主政治发展的最新有效形式，是民主政治在农村的最广泛应用，也是农村治理的一种新机制，代表着村民的生活方式与行为方式，它在乡村治理中的作用可以总结为：为村民、村两委提供一个共同议事平台，表达村民的民主诉求，同时可以确立村委会威信；促进村民听证会、村民监督委员会充分发挥民主监督作用，保证基层决策的民主性、公开性、有效性；构建起以公共利益为宗旨的乡村治理结构。乡村治理涵盖的内容烦琐，如留守问题、养老和医保问题、农业基础设施问题等，都是关系民生的问题，涉及每个村民切身利益，通过持续、平等的民主协商，可以改善传统单一性、强制性决策模式。民主协商不仅仅是乡村群体自己的事情，公共事务主管部门还需要简化行政程序、制定权力清单并尊重基层议事结果。精英一直是乡村治理所依赖的治理资源，随着时代进步，精英已褪掉了过去的贵族群体含义，更多是指在一定治理范围内的有能力的人。精英具有一定威望，能够代表部分民意，可以作为代理人参与议事决策，所以精英发挥作用的效果会直接作用于治理的效果。得益于20世纪70年代以来的分权改革和村民自治制度的稳步发展，精英在乡村治理中发挥着重要作用。与此同时随着地方大批村民外出务工，"三农问题"逐渐显现，精英大量流失一定程度上削弱了乡村治理。

部分学者认为随着民众教育的普及、传统价值观的改变，乡村舆论发挥作用和乡村内生性的提升，精英效应得以释放，精英可以有效在治理的舞台上发挥能动性。但是，他们忽视了精英的现实处境，即精英外流、精英和官僚合谋、精英治理内卷化等问题。要充分发挥精英在乡村治理中的作用，不单靠简单地夸大精英的作用，而是要制定一个精英可以参与民主议事决策的规则，让精英在多元互动的政治环境中充分发挥能动性。除了本土精英以外，还有一种随着就业环境和就业政策变化应运产生的精英，即大学生村官、西部志愿者等，他们是新时代的乡村精英，可以联系村民和乡政府，起着上传下达的重要作用，他们有高等教育经历、开阔的眼界、现代化的发展理念。然而他们很难发挥作用，一方面他们看不惯一些基层政府的懒政作风；另一方面是地方财政供给水平低，部分人员在未满服务年限或期限满后就离开乡村另谋出路了。民主机制与精英机制包含丰富的治理形式，正确引领可以重构乡村治理结构，它们的共同点是在治理事务中着眼于个人，但组织机制是从群体高度来讨论的。传统的组织和具有社团意义的现代组织都可以用于现代乡村治理。对山东新型农民组织的个案分析表明，农村专业合作社、老年协会等作为新型农民组织具有参与治理的能动性，在为相关利益团体代言、开展专项乡村规划、推进乡村事务监督、规范乡村文化氛围等方面可以发挥积极作用，但对上级党政部门和村级传统权威组织具有高度依赖性，若被其干扰，相关治理的作用将难以有效发挥。农村经济合作社等新型乡村组织可以弥补乡村公共产品供给中"一事一议"的不足，发挥其协商共治的效能，但也有赖于乡镇政府职能的规范与政府、合作社、农民之间互动机制的建立。

在乡村民主协商、精英治理和组织参与中，政府有所介入，但其介入的力度和范围还有待规范。对此可以从以下三方面入手。首先定权力清单，由强制干预转变为公共服务。上级党政部门的过多干预通常阻碍多元治理主体发挥有效作用，这就需要有关部门自觉转变官僚作风、明确职能定位、明晰权责义务，用软服务代替强干预。其次构建现代乡村治理机制。乡村治理机制的本质在于尊重乡村多元主体的治理价值，尊重农民的民主权利，找准政府权力的定位，倾听诉求、反馈诉求、处理诉求，让互动的过程转化为良性政治系统的信息处理与互动的过程，充分尊重体现民意。最后做好顶层制度设计。教育部、民政部等政策制定者，在乡村民主议事制度、乡村精英帮扶、大学生扎根基层、乡村组织发展等方面革故鼎新，制定改革线路方案和考核实施方案，为乡村治理提供制度保障。

（二）制度维度

20世纪90年代末，学术界比较关注"制度"的研究，学者们普遍开始注重经济、政治、社会角度的制度研究，促进了制度理论的形成，制度主义悄然盛行，在乡村治理研究之中也得到广泛应用。制度是乡村治理不可回避的话题，国家—市场—社会三主体互动需要制度化，治理机制需要制度化，制度成为研究其他问题的根源。政府介入乡村治理有特定的制度形式，具有灵活弹性的空间，极大满足了政府的需要。乡村治理的正式制度和非正式制度存在着微妙的关系。在目前中国乡村治理实践中，正式制度和非正式制度顺利运行需要解决的关键问题，一是如何深化乡镇机构改革，巩固基层政权建设；二是如何解决制度伦理化、道德化、区域化问题，从而实现政府行政管理和基层群众自治的有效衔接和良性互动。乡村治理的正式制度中的村民自治制度，是乡村治理的核心内容。要保证制度能够发挥促进治理的作用，必须一方面按照正式制度的规范严格履行相关程序，切实树立正式制度的权威；另一方面要与农村本土长期以来形成"场景""面子""人际关系""风俗习惯""伦理教化"等不成文的乡规民约适当融合。然而值得注意的，是非正式制度却有能力消弭正式制度，当非正式制度中的惰性、腐化的一面进入正式制度，很容易导致民主与民生权力寻租问题的泛滥。因此，正式制度具有消解非正式制度的运行空间的内生动力，把非正式制度视为阻碍，并尽力避免非正式制度对正式制度运行的干扰。当正式制度在乡村治理中占上风时，非正式制度也会用"弱者的武器"暗中进行反击，实际上会在很大程度上削弱正式制度运行的效果，从而影响乡村治理的效果。正式制度是政府介入的正式渠道，与非正式制度博弈的过程也是实现乡村经济社会制度重组的过程。在国家发展面临新常态的宏观背景下，经济发展趋于平缓，经济转型刻不容缓，发展性困境更为突出。在新常态的背景下，我国实现了2020年全面建成小康社会的目标和2020年贫困县全面摘帽的目标。目前我国户籍城镇化率还有待提升，底层机制主要集中在乡村社会，这种自上而下的规划性目标的实现，实际上是国家权力的又一次"下乡"。

结合乡村社会固有的治理组织形式，乡村治理事务可分解细化为四类，地方政府要有侧重地建立完善考核考评机制，实现精准化治理。首先是政治范畴。加强农村基层党组织和社会组织建设，巩固基层治理组织；加强核心价值观教育；做好维护社会稳定工作；落实党的各项惠民政策（各种农林补贴和困难群众补贴等）。其次是经济范畴。搞好脱贫开发工作；提高农业发展水平，拓宽农民致富途径；加大农村基础设施投入力度，落实交通、水利、通信、土地流转等基础工程。再次是社会范畴。完善各项社会保障制度，实现老有所养、病有所医、住有所居；处理好农村留守儿童、老人问题，完善留守群体关爱机制；加大教育投入力度，促进高等教育和职业技术教育双管齐下。最后还有其他突发性问题。例如，针对地震泥石流等自然灾害，要制定专门的灾后恢复重建台账。

（三）文化维度

乡村文化是乡村治理的内在根基。乡村公共性的淡化，起源于文化领域，比如公共道德衰落、传统文化载体的衰微、文化组织的没落、公共舆论的势衰、文化参与的缺失等。因此，从文化的维度深入健全乡村治理，表明政府权力介入乡村治理趋于柔性，体现了国家对大众文化权利的尊重和保障。政府介入文化维度视域主要体现在两方面，一是构建完善的农村公共文化服务体系，提供基本、均等化的公共文化服务产品；二是尊重传统文化，培育新乡贤。建设国家公共文化服务体系是新形势下政府在文化治理方面向服务型政府职能转变的重要举措，具有"善治"的时代内涵，本质上讲是国家文化治理和地方政府职能转变的具体体现，是现代文化民主助推民主政治完善的重要举措。然而学者们对于公共文化服务供给主体却持有不同意见。有学者认为公共文化服务具有"公共性"，政府应该是提供公共文化服务的主体。也有学者则认为，政府一手包揽文化服务供给，不能满足文化需求的差异化，同时存在供需求不对称和效率低下等缺陷，市场才是公共文化供给的主体。政府购买公共文化服务机制则巧妙地解决了这个问题，既尊重公共文化"公共性"的根本属性，又提高了供给的精准性和有效性，这一机制满足了乡村地区差异性的文化需求，提高了公共文化产品的质量。从文化治理的角度来看，文化服务是展示国家权威的隐性力量。

乡贤原本是一个传统的文化概念，起源于农耕社会。乡贤一词始于东汉，泛指博览群书且知识渊博的人。在长期的传统社会的县域治理中，乡贤自然成为社会运行中具有很强社会能量的群体，他们在维护当地秩序、引导当地文化习俗、重塑伦理道德等方面发挥了一定作用。随着乡村治理问题的日益突出，充分挖掘乡村本土的文化资源，赋予乡贤这个传统文化产物以新的内涵十分关键，要大力培养新时代治理所需的新乡贤。习近平总书记高度重视传统文化的保护与利用，在云南调研时创造性地指出"乡贤文化滋养着乡村、润泽着乡风，正是对纯正'乡土味道'最有效的保护和挽留"。乡贤文化根植于乡村、接近地气，蕴含着见贤思齐、奋发向上的力量，优秀农村干部、道德模范等先进典型正逐渐成为现代新乡贤的有生力量，在推动社会主义核心价值观在乡村社会扎根的过程中应该充分地借助现代新乡贤的力量。从国家高层的明确表态可以看出，新乡贤已经成为政府介入乡村治理的重要载体，成为国家在乡村文化领域存在的有效见证。基于"保护""弘扬""传承""创新"等话语，政府可以有效介入乡村意识形态建设和核心价值观培育，重构中国特色的乡村文化治理体系。这里的新乡贤也是乡村治理的精英，但他们是治理维度下的乡村精英，是从与政府互动的角度来讨论，精英治理代表了社会的力量，体现了乡村行动的内生动力。文化维度之下的新乡贤，是传统文化与现代治理需要高度融合的结果，聚焦于道德精神和价值观念。

公共文化服务体系的完善和乡贤文化的建立，为政府介入提供了恰当的机会。国家要以满足基本的、差异化的公共文化需求为重点，完善服务体系、增强供给能力，切实推进公共文化产品的共享性、可及性，切实保障农村特别是偏远落后农村地区的文化权益；不断创新公共服务供给机制，进一步发挥政府购买公共服务的制度优势，提高财政投入农村公共文化服务建设的比重，同时加强远程化、流动化输送文化服务的功能，自觉创新传统文化参与方式，丰富公共文化参与的内涵，努力培育新文化；充分发挥新乡贤的主体性和文化自觉，确保培育乡贤文化的政策到位不越位，避免走"老路"，避免阶层分化、对立和斗争。

（四）经济维度

1. 农村集体经济助力乡村治理的意义

（1）农村集体经济三个维度促进乡村治理高效能。

推进乡村社会治理现代化需源源不断的财力投入，单纯依赖国家托底是行不通的，需要提升农村的"造血功能"，不仅依托集体经济提升乡村治理的"硬核"能力，还要依靠利益联结、经济支撑和引领发展三方面的有力助推。在利益层面，集体经济全体成员入股形成了整体"一荣俱荣，一损俱损"的利益共同体，村民重新组合起来享有更多共同利益，同时集体经济组织将三成以上的收入回馈社区，同构的村级组织在为村民提供多元化的社会保障以后，也具有更强的动员能力与治理权威。在经济层面，集体经济全面入股后，村集体的收入会直接关系到村民的收入，集体经济发展得越好，越容易被村民认同，村民对治理主体的信任度和对村庄公共事务治理的参与度也越高。在发展层面，通过将集体经济组织内嵌于乡村治理，实现村两委和集体经济组织的同构，可以有效解决空壳村与薄弱村的发展问题，在发展中重新明确规则和凝聚共识，为高效的乡村治理夯实物质基础。

（2）农村集体经济为乡村高效能治理强基固本。

高效率的乡村治理需要雄厚的人力、财力与技术作为支撑，而农村集体经济的发展有利于强化致富带头人的社会责任意识和提升村民的凝聚力，由此通过集体经济收益的不断增长来反哺支持乡村治理，提高乡村治理效率。四川省在发展农村集体经济的过程中形成了全村共富模式、区域联动模式、租赁自营模式、村企共建模式与平台孵化模式等多种类型，它们的共同特点是因地施策发展集体经济，通过组织同构将经济元素内嵌于治理体系，以解决共性问题为导向，成立共建共治共享临时单元，建立农村社区治理"三共""三会"与"政经社"三位一体的多层次议事体系，形成依法自治和依法治理有效衔接的群众协商治理方式，在解决服务群众"最后一公里"问题的同时，促进农村发展和治理的有效融合。

（3）农村集体经济助力现代化乡村治理。

在中国现代化进程中，农村现代化发展相对缓慢。我国农村长期面临社会事业发展滞后、发展利益分配矛盾、管理机制不能有效适应农村社会发展需要等问题。农村社区治理仍然采用传统的治理模式，一般依靠村两委进行简约治理，特别当欠发达地区的精英治理人才流失和发达地区外来精英没有权力参与治理问题凸显时，农村社区治理陷入公共性和自主性、现代性和传统性的双重治理困境。党的十九大提出了乡村振兴战略，重点从户籍制度、社会保障制度、产业制度和区域协调发展制度等方面全方位设计了乡村振兴的制度体系。党的十九届四中全会提出要完善"共建共治共享的社会治理制度"，构建"人人有责、人人尽责、人人享有的社会治理共同体"等，投入大量人力财力物力完善基础设施，搭建信息化平台，通过新的智能化手段使得农村和城市相连接，推进社区治理主体协同化、治理手段技术化、治理内容多元化、治理方式规范化；从多元开发治理人才渠道着手，全力提升乡村振兴的人才开发能力，避免现代化治理体系沦为空谈，通过更新治理人才理念和知识结构，熟悉和掌握新技术、新工具、新思维，使得农村"村干部自治"线下与线上相结合，切实实现"村民自治"和城乡融合治理。农村集体经济的蓬勃发展和同构的组织体系，为乡村治理体系与治理能力现代化提供了坚实的载体和抓手，奠定农村经济发展与善治的基础，即通过发展集体经济解决乡村治理现代化进程中的棘手问题，实现良序善治；以有效的乡村治理，巩固集体经济的发展壮大，维护农村社会的和谐稳定。

2. 壮大集体经济是对乡村治理主体的补位

(1) 价值层面：理性选择机制与合法化机制的共同作用。

在新制度主义组织理论中，影响组织同构的两个重要因素包括理性选择理论与合法化机制。理性选择理论强调的是差异化，由于每个组织的外部环境存在差异，需要建立最大化效益的组织结构来保证实现组织目标。在政策的引导下，四川省农村社区两委基本上实现了整合，一套班子配两块牌子，社区书记兼任村委会主任。但由于农村社区流失了大量精英人才，集体经济组织的"领头雁"多数是在镇、村书记指导下确立的，管理模式也是在学习借鉴宝山村的基础上改进完善。因此，村两委与集体经济组织管理体制的"三位一体"模式是在借鉴地方经验、比较运行成本和衡量管理绩效等探索过程中理性选择的结果。集体经济组织的合法性是一个关乎产业兴旺和人民安居乐业的现实问题，因而其现实价值的重要功能在于其运作模式的合法化，即得到村民的普遍认同与接受。集体经济组织生产的主要产品经过抽象化后被农村这个大系统使用与消费，和乡村治理形成相似的共同信念与知识体系共同拥有"合乎情理的逻辑"而得到了社会的认可。因此，集体经济组织的价值被接受后，也就具备了合法化要素，并在镇、村的理性选择的基础上，不断强化同构性的深度，以弥补乡村治理多元主体长期缺失而引起的治理失灵。

(2) 组织结构层面：功能冲突中的职责同构。

马克斯·韦伯认为，科层制组织具有层级分明的权力体系、非人格化管理、职业化倾向和合理的权责边界等特点。虽然集体经济组织作为一个农村最基本的微观经济组织，村党委是党组织的"神经末梢"，村民委员会是基层群众自治组织，但它们都有科层制组织的明显特征，如上下级关系明确、制定了正式规则、薪酬制度相对固定、管理高效为基础的人事角色体系等。这三类组织的核心职责和派生功能等是各有不同的，如村党委的关键功能是政治引领；村委会的关键功能是推进居民自治，包括经济与社会的发展和治理权；集体经济组织的关键功能是发展经济并增加居民收入，其派生功能是反哺乡村治理。在农村社区组织的演变进程中，村党委、村民委员会与集体经济组织的边界有时模糊、有时清晰，在实施各自职责时，经常发生各种矛盾和冲突。在乡村振兴战略背景下，四川省乡村治理组织在组织同构过程中也出现了竞争性和制度性趋同的特征，但通过制度设计，较好地避免了之前出现的职责冲突问题。从组织趋同的纵向演变进程看，四川省农村社区组织的三种制度趋同路径并不是依次演进，而是同时出现的；从组织趋同的横向演变进程看，其他地区组织结构的异质性特征比较显著，而四川省社区组织的制度趋同和竞争趋同互相交融，使得三个组织的各种职责和核心职能在融合中相互联结，又各有侧重。组织同构后，原来的基层党委带领发展薄弱的村社，通过发展集体经济将他们的带头人培养成党员或书记，自治弱化的村社也由于发展壮大了集体经济，培养了新型的社区治理精英。三个组织相互促进、互相弥补，为农村高质量发展和高效率治理的乡村振兴目标实现提供了有力的保障。

（3）历史与现实层面：特定行政生态环境下的选择。

新制度主义组织理论提出，随着时间的变化，各社会组织的结构会逐渐同构。集体经济和村两委的组织结构的趋同是中国特定行政生态环境下的现实要求。1954年的《中华人民共和国宪法》在国家层面明确规定了集体经济的所有制形式，农村土地产权成为集体所有。以土地集体所有制、集体共同劳动和工分制为显著特征的集体经济形式成为社会主义公有制经济的重要特征，确立了"政社合一"的管理模式。随着我国政治行政体制与社会治理体系逐步完善，农村各类社会组织步入了规范化和专业化的同构路径，村民委员会与集体经济组织构建了类似村党委的组织架构，持续规范管理流程，特别是人事管理制度。然而在集体经济发展的新时期，省际差异逐渐拉开，东部农村地区"政经分离"模式在空心化严重的中西部农村地区不能有效落实。四川省逐步形成了"政经社"三位一体的乡村治理组织结构，是对过去乡村治理主体缺位的有效补充，保证了农村社区的高质量发展和高效治理所需的人力、物力与财力，妥善解决了发展过程中的各种社会矛盾和问题，使农村发展和治理互为依存、彼此促进。

3. 四川省集体经济组织嵌入乡村治理的基本路径

嵌入式治理是社会学范畴中的常见概念，也是近年来基层治理的常态，包括党组织、社会组织主体的嵌入，文化、关系等内容的嵌入和管理技术等路径的嵌入。随着市场经济体制的建立，部分农村基层党组织对各种农村组织的监督与治理能力逐步减弱，农村组织对农村基层党组织的组织依赖程度在很长一段时间内较低，这不仅使得农村地区的简单治理与悬浮治理变成常态，也严重阻碍了乡村治理和乡村振兴的现代化进程。根据规划的顶层设计，村级党组织要发挥统筹农村社会的整合作用，但是大量农村党员外出务工，留守的党员素质相对不高等问题造成基层党组织软弱涣散，难以充分发挥在乡村治理中作用，但这为各种组织的嵌入提供了某种外部环境。党的十九届四中全会提出，要"坚持和完善共建共治共享的社会治理制度"和"建设人人有责、人人尽责、人人享有的社会治理共同体",这为学术界研究地方政府如何在实践中将集体经济组织嵌入乡村社会治理提供了指引。根据四川省农村社区的特点与经济社会发展现状,及时把发展壮大集体经济和实现乡村的高效治理紧密联结,以集体经济全员化为关键,通过制度供给、输入治理资源、塑造新型治理权威等渠道嵌入乡村治理进程,从而达到释放农村社区活力与提升农民政治认同感等多重治理效果。

(1) 制度嵌入。

自主治理理论提出,环境变量的变化与重组会影响治理主体制定策略,形成新的治理规则。中华人民共和国成立之后我国农村集体经济组织长期和其他基层组织相融合,虽然这种组织结构在改革开放以后被打破,但仍在农村地区大量存在。党的十八大以来,先后颁布了《中共中央国务院关于加快发展现代农业进一步增强农村发展活力的若干意见》和《乡村振兴战略规划(2018—2022年)》等支持农村集体经济发展和改善乡村治理成效的政策文件。2023年发布的中央一号文件也明确提出巩固提升农村集体产权制度改革成果,构建产权关系明晰、治理架构科学、经营方式稳健、收益分配合理的运行机制,探索资源发包、物业出租、居间服务、资产参股等多样化途径发展新型农村集体经济。中央政府正在力图通过嵌入引导民主协商与法定程序等治理规则,把集体经济组织的政治属性和经济属性延伸向社会属性,有效发挥乡村内生秩序的社会规范优势。根据中央系列文件和省市要求,四川省许多地区降低了对农村合作社和农村集体经济组织等市场准入门槛并提供了大量经费支持,将拥有较强行动能力与经济价值生产能力的农村精英列入基层党组织和乡村治理范畴中。一方面,农村集体经济的环境变量作为逻辑起点和作为最终选择结果的组织同构,与村民自治偏好相一致,同时也及时有效地响应了各种治理主体的需求,确保了中央制度嵌入乡村治理的规则有效性与可持续性;另一方面,通过党组织重新组织原子化的村庄,可以缩短各类组织和群众的情感距离与空间距离,避免本土农村社会治理精英的非理性流出,使村两委和集体经济组织在目标耦合中实现治理价值同频共振,利用嵌入的制度规范科学指引农村内生的社会秩序。

(2) 资源嵌入。

各级政府近年来在农村社区的治理资源投入力度与日俱增,不仅为各村社的社区治理配套了相应的社区发展和治理保障资金,还鼓励有条件的村社加快培育本土社会组织或引进外地社会组织为本土村民提供公共服务与生活服务。不少地区启动了乡镇治理现代化和市域社会治理现代化的试点工作,探索建立以基层党建为引领探索、以村民自治为基础、以农村社会组织与集体经济组织为纽带的乡村治理体系，推行乡村干部"基本报酬＋考核绩效＋集体经济创收奖励"的薪酬制度与晋升机制。四川省同全国很多地区一样，创新探索乡村治理现代化的新路径。首先是文化资源的嵌入。努力将农村优秀的仁、义、礼、信等传统文化和集体经济组织中的契约文化相结合，形成组织同构后的新式村规民约，并内化为村民平等、民主参与社区公共事务管理、相互协作与互利共荣的理念。其次是关系资源嵌入。村党委是村民的党政系统，是农村社区发展治理的引导者；村民自治委员会是村民的自治组织，依法维护村民权益；集体经济组织是集体利益的典型代表。这三类组织代表了各自的利益群体，在"政经社"三位一体的体制下，它们的治理行为有着更加复杂的关系嵌入。四川省各村镇的集体经济发展稳步增长，平均每年反哺社区治理的资金占集体收益的30%以上，村民和村两委、集体经济组织确立了良好的信任机制，有效提升了村民参与公共事务的积极性，推进契约关系、行政关系和乡村关系快速融合。最后是治理资源嵌入。部分相对偏远的农村，外部资源相对匮乏，集体经济主要为内生型发展。村两委与集体经济组织同构后，文化、关系资源源不断嵌入，既加快了内生治理主体的培育进程，又避免了内生治理需求受到外部治理方案的影响被削弱。

（3）技术嵌入。

如果制度嵌入为集体经济和村两委的组织同构提供了前提条件，资源嵌入为组织同构提供了基础支撑，那么技术嵌入则是确保同构后的组织长效发展的客观存在。党的十九届四中全会明确提出新时代社会治理体系需要提升科技支撑，因为科学技术正在重新构建着社会的时空结构，以一种权力主导者的角色接近经验现实，潜移默化地渗透到城乡空间场景，不断改造着社会秩序结构和运行框架。在传统的农村地区，村党委不仅要措施并举，还要对村民诉求及时进行回应，而村民委员会则侧重于自我管理，这两种治理路径都强调保护和平衡村民的多种权利诉求。同时，集体经济组织尤其关注村民的经济权利，很少将其技术管理路径融入农村社区事务的治理过程中。四川省在推进集体经济全面发展过程中，充分结合村党委在社区治理中的引领作用、社区治理和集体经济组织互促互进和村民委员会的事后监督机制，将"天府市民云"与集体经济组织和网格化管理系统的管理系统率先整合，形成了一体化平台，突破了农村地区碎片化治理的传统格局，为集体经济组织成员参与乡村事务提供了便捷的参与通道。部分集体经济发展相对较好的村社，还通过信息技术平台宣传村民的技能素养提升和乡村治理参与情况等，并将其成果和年底的集体经济分红挂钩。技术嵌入的路径提升了集体经济组织和村两委组织同构后的政治社会互动，增多了村民参与自治的机会，在一定程度上帮助农村社区建立整体性治理思维，推动其通过科学、精准的技术手段来改变农村社区简单治理的现状。

五、新时代乡村治理的政策体系与多方协同治理路径

新时代全面推进乡村治理现代化是新中国成立以来乡村治理工作的继承与延续，符合乡村治理体系演变的历史逻辑。在中国特色社会主义治理体系和治理能力建设的过程中，乡村治理现代化所蕴含的政策导向在乡村振兴的宏大战略布局中得到了充分体现。然而差异化的实践成果，反映出乡村治理的现代化尚需要攻克许多难题。政策预期和现实落地间的张力，彰显出党政一体化下协同治理体系和治理能力建设在实现乡村振兴目标过程中的必要性与重要性。

（一）新时代乡村治理现代化政策体系

国家治理体系和治理能力的现代化从根本上确定了乡村治理的现代化内涵。如果说基层治理是国家治理的一个子系统，那么乡村治理体系就是基层治理体系的一个子系统。乡村治理作为嵌入"国家—基层"治理体系的有机组成部分，在子系统和子系统、子系统和系统的交汇过程中，成为需要融合多方主体实施共治的一个系统工程，其本质是乡村治理的所有参与者在国家治理体系中形成关系的总和。从系统论的角度来看，乡村治理是各种性质不同的组织，通过一定的体制机制共同管理乡村公共事务，但基层治理主体和乡村治理领域的关系更为密切，乡村治理的主体主要包括基层党委和政府、党组织、农村自治组织、集体经济组织、企业、社会组织和村民等。

国家治理体系中的各个子系统都有着特定的政治、经济与社会功能，乡村治理体系现代化从根本上服务于中国的乡村振兴战略。乡村治理体系的现代化依赖于国家治理主体提供丰裕的公共产品与协调功能。党的十九大报告提出了实施乡村振兴战略，同时将"治理有效"作为乡村振兴的总要求之一，中共中央从乡村振兴的宏观角度，概述了乡村治理的宏观政策和实施方略。党的十九大以来，中共中央、国务院相继出台了《中共中央国务院关于实施乡村振兴战略的意见》《乡村振兴战略规划（2018—2022年）》《关于加强和改进乡村治理的指导意见》等一系列重要的政策文件。2021年4月29日，十三届全国人大常委会第二十八次会议表决通过了我国首部直接以"乡村振兴"命名的法律——《中华人民共和国乡村振兴促进法》（以下简称《乡村振兴促进法》）。

这一系列具有重大理论和实践意义的政策法规，通过明确三农问题的历史方向，精准谋划乡村振兴的战略布局，提出了推进乡村治理现代化的总体要求与具体任务。首先是提出了乡村治理的"阶段性"目标，要求到 2022 年实现进一步完善乡村治理体系的目标，在 2035 年实现"乡村治理体系和治理能力基本实现现代化"的远景规划。其次是确立了自治、法治和德治相结合的乡村治理现代化路径。浙江省桐乡市 2013 年率先探索以"三治"建设助推乡村治理工程，随后其经验在浙江全省全面推广。中共中央、国务院 2017 年在加强和完善城乡社区治理的过程中明确提出应"促进法治、德治、自治有机融合"，随后在全国推广、普及。通过"三治"相互结合，增加活力、加强法治、弘扬正气，形成强大的社会治理合力，建立了富有中国特色的乡村振兴治理范式。最后提出了乡村治理的具体任务，核心是乡村治理制度体系与工作体系建设。《乡村振兴促进法》明确规定："建立健全党委领导、政府负责、民主协商、社会协同、公众参与、法治保障、科技支撑的现代乡村社会治理体制。"尤其是要强化各级党委切实抓好乡村治理和党的农村基层组织建设的工作机制，在党政共同努力下推进乡村治理现代化。除此之外中央规定了乡村治理工作的主要任务，即着力提高公共服务水平，同时加强乡村物质文明与精神文明建设，在组织建设、集体经济、乡村文化、法治保障等领域齐抓共管，建设和谐有序、充满活力的新乡村。

乡村治理现代化的实施需要符合乡村振兴战略的根本目的与现实任务，为乡村振兴提供根本保障。通过乡村治理的制度体系建设，提升党政主体的制定政策能力，完善乡村振兴实施的顶层设计；通过更新集体经济组织和推进乡村社会建设，增强乡村产业振兴的发展动力；在提高乡村公共服务水平的基础上，为经济要素流动提供稳定的社会环境；在乡村文化建设的基础上提升德治水平，形成新的发展理念，为乡村振兴提供新的价值导向。

（二）多元化治理实践的挑战

新时期的乡村治理是一个战略规划与治理实践持续碰撞与磨合的过程。农村发展的经济基础、社会关系的变迁和制度建设的基本禀赋构成了治理实践的基础条件，早期的制度建设则构成了治理演变的结构性约束。

第一，农村发展基础相对滞后，乡村治理现代化缺乏动力。经济发展是实现治理有效的物质基础，增强了乡村治理推进的活力，但农村经济发展面对的结构性约束日益突出：一方面是农业现代化面临自然地理的结构性约束。根据国外经验，农业现代化最主要的是实现农业机械化，然而我国农村的农业发展要素相对有限。我国人多地少矛盾尤为明显，人均耕地规模只有欧盟的四十分之一、美国的四百分之一，"人均一亩三分地、户均不过十亩田"是对我国很多地方农业的形象概括，这样的资源要素决定了我们不可能像欧美那样到处搞大规模农业、大范围机械化作业。另一方面是区域发展不均衡，不利于产业发展。虽然目前我国地区间发展差异在不断缩小，但绝对差距仍然十分明显。例如2022年江苏、河南和陕西的地区生产总值分别约为12.28万亿元人民币、6.13万亿元人民币与3.27万亿元人民币。在疫情暴发前的2019年，东、中、西三个地区分别占全国GDP的比重为54.41%、22.2%和23.4%。在这种情况下，区域内部还存在两极分化效应，如2022年长江三角洲地区的GDP占全国GDP的23.99%。与此相对应的先进制造业与第三产业也高度集中在东部地区。农业现代化面临很大阻力，导致我国乡村治理缺少稳固的产业基础，区域间发展不平衡也导致人才和资本流动高度流向东部地区的城市圈，进一步增大了城乡二元结构对乡村治理的制约作用。产业和资本空心化导致农村难以获得自我"造血"功能，从人力资源与组织效率上限制了乡村的治理现代化。

第二，随着农村社会关系的转型，对于制度升级优化的需求不断增加。宏观上政治、经济和观念的变化致使乡村社会关系必须进行转型：首先是城乡流动性的增强，导致乡村社会对城市的依附性增加，同时重构了传统乡村相对稳定的社会结构，致使乡村矛盾的性质、频率、强度和范围都发生了变化。其次是大规模的"村组合并"扩大了乡村地域，农民无法完全了解农村生活领域的相关信息，未来农村社会关系较为松散。最后是在市场经济环境下，农民的传统观念在逐渐改变，自由、平等和契约等观念已嵌入乡村社会的观念结构，旧的乡土意识被改造，使乡村社会交往的规则逐渐脱离了之前轨道。上述变化致使农村由熟人社会逐渐转向半熟人社会，目前现有的治理范式、参与模式、工作流程与技术方法已经无法应对由此产生的新问题、新挑战，迫切需要通过对制度创新迭代，掌握乡村社会演进的规律性特征，提升乡村治理能力。

第三，制度惯性长期存在，改革推动面临较大阻力。新中国成立以来逐步形成了一种"自上而下"的乡村管理机制，这种机制中的治理主体与治理方法在新时代并不能很好地适应乡村社会治理需求。现有乡村治理体系的程序化、规范化与协同性在一定程度上与农村经济社会发展的现状脱节，旧的制度框架下对新问题的治理在一定程度上导致乡村治理出现"碎片化"和"内卷化"现象。一直以来，在现有乡村治理体制的问题尚未完全纠正时，新问题不断出现，增加了制度负荷，主要体现在以下方面：农村基层党组织功能弱化，职责分工不明确，经常出现村"两委"撞车现象，群众基础相对薄弱；乡村治理主体较为单一、参与意识不足，农村人口流失导致治理能力明显不足，甚至村民自治组织不能正常有效运转；专业合作组织发展还不完善，不能充分起到衔接乡村和城市、政府和市场的作用。治理过程中出现的问题表明，新时期的乡村治理是一个持续的制度变迁过程，需要通过不断调整治理主体之间的关系，逐步优化治理制度体系的功能并进行职责转移。

面对经济和社会发展格局的约束，在全面推进乡村振兴的过程中，需要不断突破制度瓶颈来实现乡村治理现代化，重点是要结合各地区农村发展的社会与自然要素，坚持多元化发展，优化治理结构、主体与方式。治理困境的约束反而突显了通过党政一体化构建多方协同治理模式的必要性：首先是乡村产业振兴迫切需要由多方主体聚合形成的资源和要素基础，打破资源共享大格局中形成的城乡对立和地域差距带来的禀赋差异，从而开创农业与其他产业互补协同发展的新格局。其次是乡村社会关系范围扩大的同时交往密度在降低，也迫切需要多方合力提供公共产品，改变之前由熟人提供公共服务的方式，增强信息、资源、技术等各种治理要素对乡村社会的投入力度，从而满足日益多元化的需求。最后是多主体的引入不仅可以弥补制度惯性长期存在导致的单一主体治理能力不足问题，而且有助于通过增加新的观念和资源来充分发挥制度改革的潜力。但是多方协同的核心仍然是党政一体化，党政一体化在应对治理困境中发挥着关键作用。具体而言，党委和政府作为制定政策的主体，构建了多方主体共谋产业振兴的政策框架；作为政治权威，建立了农村社会流动的规范；作为制度改革的第一推动力，始终确保改革坚持以人为本的原则。因此新时期的乡村治理现代化，需要以党政一体化为基础，实行多方协同治理，以"三治"融合的路径调整传统落后的基层治理结构与治理模式，打造"有效治理"的新型乡村治理体系。

（三）多主体协同治理路径

中共中央、国务院 2021 年 7 月 12 日印发的《关于加强基层治理体系和治理能力现代化建设的意见》中明确提出："力争用 5 年左右时间，建立起党组织统一领导、政府依法履责、各类组织积极协同、群众广泛参与，自治、法治、德治相结合的基层治理体系。"这表明我国"三治"融合的新型治理体系建设进入新阶段，乡村治理建设的总体思路也逐渐清晰。"三治"融合意味着必须通过建立整体治理理念、构建全局性治理格局和提高整体性治理能力来解决乡村振兴中的挑战性难题。如果说"三治"融合强调的是治理体系和治理效率的"全面性"和"有效性"，那么党政一体化下的协同治理必然是其内在要求。乡村振兴作为一个宏大的战略体系中的一个子系统，其中涵盖了因地域差异化导致的多种特殊任务和目标，各种特殊复杂问题的出现决定了治理方式的综合性，也势必对不同的治理主体提出不同的具体要求，而探索多主体协同治理的路径已经成为新时期提升治理能力和实现乡村治理现代化的重点工作。

1. 多主体协同的治理体系

协同治理意味着多主体共同治理（如图 2-2 所示）。"多主体"主要具有三个特征：首先是"多元"主体，即党组织、政府、市场与社会力量、村民，各个主体具有不同属性与功能，因此存在"1+1>2"的整合效应，这是多主体治理合理、有效的根本原因；其次协同治理是主体"互补"，即各主体功能互补，根据不同情况，在各自领域内发挥治理效能，在不同治理领域、不同阶段提供重要的治理禀赋；最后协同治理也是主体"协同"，即三者在治理领域紧密衔接，治理功能上互补互促，治理目标上高度趋同，共同致力于乡村社会的全面发展服务，进而形成相互治理、共同治理的格局。多方协同主体体系的构建是一个复杂的系统工程。回顾社会发展的历史可以发现，各个主体的作用并不是均等化的，通常不存在多主体功能均衡化和多个治理主体共同发挥主导作用的现象。因此，新时期的协同治理主体需要注重"党政"二元主体的统合作用。

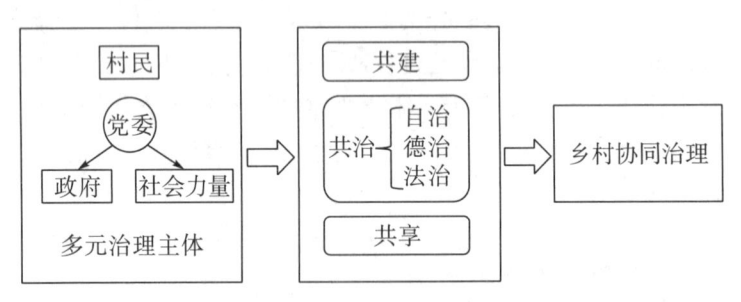

图 2-2 多主体协同治理关系图

从主体结构上来看，党政一体化下的协同治理可以以深圳的"一核多元"社区治理模式和成都的"区域党建"模式为样板，即在治理实践进程中，以党委为核心形成一个集中有力的权威主体，再将其他治理主体整合成一个可以顺畅运行的系统，通过系统化运作提高治理效率。"党政一体"的治理类似于西方的"整体政府"的概念。整体政府的概念最早是由英国布莱尔政府在 20 世纪 90 年代中后期提出的，具体而言是政府在面对全球化时代与后工业时代的如环境、贫困、移民等问题时，需要通过多方合作打破现有职能组织的边界，以适应日益复杂的经济与社会现实。其本质是依托互联网思维和系统化思维"缩小"和"放宽"工业时代的科层制官僚组织，寻求政府和社会的密切合作。在整体政府的基础上和现有的制度框架下整合企业、社会组织和群众，成为多主体参与、良性运转的综合体，通过增强协同共治的能力来实现善治的目标。

党政一体化下的乡村协同治理有四个基本目标：通过缓解政策制定、执行和现存制度体系、惯例之间的矛盾和张力，提升乡村治理体系的运行效率，直接高效地履行治理职能；通过减少不同机构、计划、项目和任务之间的冲突来尽可能规避资源浪费，并在传统管理制度与新时代效率组织之间保持适当的平衡；推动不同乡村利益主体相互合作，实现理念和资源共享，通过协调合作解决乡村振兴中的系统性问题；充分适应农村居民的多元化需求，围绕农村发展的各个方面提供系统化的全链条式服务。这四个目标共同表达了党政一体化的制度和能力的基本逻辑，即传统的组织体系已经难以在复杂的社会体系中完成政策供给，同时，想要以更高层次的管理机构出手治理的方式提高公共服务的效率也是回天无力，实现政策目标的重点是打破或跨越现有组织结构下的组织边界来推动多主体间合作。而联合的核心点是围绕共同的议题和目标，形成一个弹性的、可扩展的伙伴关系网络，以党政为主、公私结合完成治理任务。

总而言之，构建以党政一体化为核心的多元主体共治的乡村治理体系，从根本上是对传统官僚组织和"企业家政府"的扬弃，是对"自上而下"的传统治理模式的创造性调整。在乡村公共服务的供给过程中，采取多主体互动、扁平化的管理机制，推进各主体密切协调，实现职能和资源的整合，全面优化治理输出功能。

2. 纵横交织的有效治理能力

协同实施一体化基层治理，通过党政之间的纵向和横向整合，以及多元主体的参与，提升综合治理能力。首先，党政一体化是一种纵向到底、横向到边的乡村治理能力建设，将纵向的"条"状模式与横向的"块"状模式相结合，将"动员"和"协调"相结合，缓解宏观政策体系和乡村振兴实践之间的张力。"条"状模式是整合不同层级治理主体之间的治理能力，体现了传统科层制结构下，以行政命令和动员为主要方式的能力建设；"块"状模式，体现了同级政府组织与党组织的协调关系，旨在打破组织壁垒，实现不同地区和不同领域间要素禀赋的充分流动，解决跨地区和跨部门的治理问题。"条"与"块"结合的动员和协调表明，党政一体化可以突破传统的官僚制组织结构实现职能重组。具体而言，首先是通过解决乡村的实际问题，将相关职能部门整合起来，通过各部门之间的资源、政策、信息的共享与沟通，实现职能的结合和延伸，从而提高治理体系的实际效率。其次，在党政一体化的基础上，融合市场和社会主体的不同禀赋与资源，组建网络化的能力生成模式。以党政为核心，企业、社会组织和村民的参与，充实整合后形成一种全方位的整合能力。最后，在市场主体和社会组织、政府和社会、政党和政府之间形成紧密相连的制度网络，可以同时兼顾政治、社会、经济和文化发展的诉求，以及自治、法治和德治的治理目标。

多元主体的协同治理势必是一种"有效治理"，主要目的是同步更新和完善乡村治理体系的政治组织建设、经济发展目标与社会服务职能，最终实现"三治"融合的乡村治理局面。首先，形成以党政一体化为核心的强大政治组织能力。这不仅要通过向下的纵向赋权，强化基层党政组织的职能，实现权责统一，调动各层级的积极性；还要突破横向的组织梗阻，逐步建立适应新时期乡村治理的功能模块，明确各主体可以行动的范围和标准，全面提高治理体系的组织性和协调性，强化政策输出效能。其次，引入多方主体，激活乡村治理体系的发展潜力。在党政一体化的基础上引入社会与市场主体，进而建立多方共同参与的合作网络，可以实现各方利益与诉求的最大化，同时借助市场原则通过有效协商，寻求达成共识的契合点，在平衡多方利益的基础上找到发展经济的最优解，增强要素整合框架下的发展动力。最后，在经济发展的基础上，多元主体结合公私原则，通过不同的渠道投入资源，以多种平台、方式与机制扩大公共服务供给的范围，丰富供给形式，创新服务理念，推动农村公共服务转型，从而将保障服务底线与优化服务形式有机结合，扩大公共服务的"资源库"，全面满足农村居民的实际需求。

党政一体化下的多方协同治理为实现乡村有效治理和解决乡村振兴中的棘手问题提供了思路。但由于地域差异的制约很难找到最优的模版式的治理方案，需要根据各区域的实际情况，有重点地实施多元化主体的协同治理。四川省在治理实践中坚持协同治理创新，创造性地推进乡村振兴体系工程，为新时期乡村多方协同治理提供了良好思路。

第三章　四川省推进乡村治理改革的动因、举措及意义

一、推进乡村治理过程中面临的问题

（一）高成本运转

在党政统合治理中，上级政府制定的政策需要经过科层制的逐级传达，才能真正进入基层政府的议程，而在逐级推进的政治实践过程中，由于政府部门层次的层级增加，行政成本也会逐级加码增大，在下达政策任务后的实际执行过程中，"隐形"形成了"层层加码"的局面。这种"层层加码"现实中会对基层政府的工作产生极大压力，特别是需要按规定填报与提交各种材料，应对不同上级部门的检查等工作，这些工作所花费的时间远远超过实际执行推进创新发展政策的时间。在地方调研经常听到的就是"上面千条线、下面一根针"，各种各样的发展指标需要通过基层工作来实现，而且都要具体反映到各类的表格中，在这上面花费了基层大量的人力物力。同时基层也缺乏熟知相应政策、精通专业技术的人员，因此，乡镇层级具体落实政策的过程中出现了各种各样的问题。在这个过程中，各种责任层层下压，使得乡村干部在工作中出现了"不求有功，但求无过"，过于谨慎而不敢放开手脚推进的工作局面，更谈不上形成创新发展的工作氛围，由此形成了乡村治理中较为棘手的"不作为"现象。因此，虽然国家着力科学规划、全面推进乡村振兴等发展战略，但基层政府在实际执行过程中依然面临很大的问题。

（二）竞合关系下的负向博弈

在乡村治理中，同级单位间已不是简单的"兄弟"之间的竞争。地方政府部门需要对上级政府部门负责，而其工作的成绩优劣很大程度上取决于和同级

众多单位的对比。在当前，经济发展指标仍然是考核政绩的重要指标之一。市场主体"用脚投票"的潜在倾向也给地方政府带来了很大压力，地方政府只有变压力为动力，积极回应市场主体的合法需求，提供高质量的公共产品与服务，才能吸引和留住人才、资本、技术等资源，实现可持续发展。也正是为了应对这种经济发展的压力，市场逻辑开始渗透进政治运行的规则中，地方政府围绕经济增长的竞争逐步延伸到人才、税收和招商引资等多个方面。

地方政府部门之间的竞争具有双面性，这种竞争虽然有利于提升公共服务供给与经济发展的效率，但对农村治理也有一定的负面影响，主要表现在以下几个方面：首先是为了垄断资源和市场，地方政府部门往往构筑行政壁垒，实行地方保护主义政策。这不仅直接削弱了党政横向整合的动力，而且由于造成市场流动梗阻，抑制了多元市场主体的跨区域整合和参与协同治理。其次是市场竞争机制会受到一定程度的侵蚀与扭曲，各市场主体难以在充分竞争的市场环境中高效整合和利用资源。在一些重要的产业环节，市场经济甚至有名无实，公私边界模糊，难以通过共享的原则来吸引多方主体参与治理。最后是过于注重经济绩效，忽视了经济社会的全面发展，一些跨区域公共问题正在增加、蔓延，甚至有积重难反的趋势。

（三）活力与秩序困境

美国政治学家萨缪尔·亨廷顿认为，如果政治制度不能满足一定程度的社会流动需求，就会带来广泛的政治阻挠，最终导致政治不稳定。一个社会的流动性通常和社会阶层结构的弹性成正比，也与社会不满和冲突产生的范围、频率、烈度呈反比。协同治理最明显的特征是政府、市场和社会多方关系的分化，党政一体化下的协同治理就是让各个主体找准自己的角色定位，形成一个良性运行的整合体系，构建有效政府，实现社会的高效运转，从而达到有效的乡村治理的目标。然而，当下秩序有余但缺乏活力管理模式，逐步成为限制多方协同治理体系构建和发挥作用的障碍，尤其表现为治理主体的治理意愿和治理能力不足。各主体的参与积极性不高，或者过于依赖政策惯性，习惯于"搭便车"，这与乡村治理的目标大相径庭，会直接影响乡村治理体系的创新和活力。特别是在我国广大农村，公众普遍缺少参与意识和专业知识，导致我国乡村治理精英化特征愈发明显。如何增强公众教育，实行责任共担的开放式管理模式，将少数人的举措转化为多数人的共同努力，真正构建一个政府、市场和社会的良性互动关系治理结构，推动善治目标的实现，是我国乡村治理目前面临的挑战性任务。

二、壮大集体经济的逻辑内涵与主要矛盾

（一）壮大集体经济的意义

习近平总书记在《扎实推动共同富裕》中指出，要充分发挥公有制经济在促进共同富裕中的重要作用。集体经济作为农村最基本的社会经济组织形式，是公有制经济在农村的具体体现，承担着促进农民和农村共同富裕的责任。自从20世纪70年代末农村实行"统分结合"的双层经营体制以来，以"分"为基础的家庭经营显示出了强大的生命力，促进了农村经济的快速发展。但作为"统"的农村集体经济发展却相对缓慢，存在大量集体经济比较薄弱的村庄，甚至还有许多集体经济空壳村，很难发挥其保证农民稳步增收、维护财产合法权益、提供农村公共服务与主持农村公平正义等基本职能。尤其是在打赢脱贫攻坚战，全面建成小康社会和实现第一个百年奋斗目标之后，我国步入了巩固脱贫攻坚成果、全面推进乡村振兴、逐步实现共同富裕的新发展阶段，如何发展壮大农村集体经济和有效发挥集体经济"统"的作用，促进农民农村共同富裕，已经是新发展阶段需要面对和破解的主要问题。

壮大集体经济，重点是转变传统集体经济注重"劳动合作"而忽视"资产合作"的发展模式，通过改革集体产权制度调动，释放集体资产产权的能量，盘活农村存量资产，通过劳动与资产的密切配合促进新型农村集体经济稳步发展，依托村民的共建共治共享实现集体资产保值增值。共同富裕作为中国式现代化的显著特征，是全体人民的共同富裕，是人民群众物质生活与精神生活的共同富裕。因而集体经济和共同富裕不仅在制度架构上具有天然的内在统一性，而且肩负促进农民农村实现第二个百年目标的重要使命。壮大集体经济实现共同富裕在内涵上主要指巩固发展集体经济与实现集体资产保值增值，促进农民持续增收，保障集体合法权益，改善农村公共环境，提升基层治理能力，逐渐缩小农民和城市居民收入及实际消费水平的合理区间内差距，促进城乡基础设施与基本公共服务均等化，实现物质生活与精神生活均丰裕。其逻辑内涵主要体现如下。

1. 壮大集体经济是带动农民持续增收、促进共同富裕的物质基础

自改革开放40多年以来，农村居民人均可支配收入稳步增加，城乡居民人均可支配收入比越来越小，但城乡居民人均可支配收入的绝对差距却越来越

大。根据公开数据，2022年农村居民人均可支配收入为20133元，与2015年相比农村居民人均可支配收入增加了8711元（扣除价格因素），但比同期城镇居民人均可支配收入少了29150元。除此之外，从居民收入来源来看，工资性收入逐步成为农村居民收入的主要构成部分，2022年农村居民工资性收入占农村居民人均可支配收入的比重为41.96%。而城乡居民工资性收入比却高达3.5∶1，远高于城乡人均可支配收入比的2.45∶1。尽管受农村集体产权制度改革和城乡资源要素流动性增强的影响，近年来农村居民财产净收入增加较快，2022年农村居民财产性净收入比上年名义上增长了8.53%，远高于城镇居民财产净收入的增速3.68%，但农村居民财产净收入对农村居民人均可支配收入的贡献相对较低，仅占农村居民人均可支配收入的2.53%，仅约为城镇居民财产净收入人均可支配收入占比的约1/4。由此要实现共同富裕，至关重要的就是要进一步释放集体产权制度改革成效，为农民提供更多利用财产权益创新致富的机会，确保农民稳步增收，不断缩小城乡之间的收入差距。在农民传统增收渠道增长空间不断变窄、持续快速增长潜力越来越小的情况下，加速宅基地、耕地等集体资源流转与盘活资产再利用，实现集体资产保值增值，是增加农民财产性收入、稳定农村工资性收入、保障农民经营性收入，促进农民农村共同富裕的重要物质基础。

2. 壮大集体经济是维护集体合法权益、促进共同富裕的必然选择

农村集体资产作为农民群众的重要财产，关系到农民群众切身合法的财产权益。在明确集体经济组织成员的基础上加速发展集体经济，保障农民在城市化进程中享有集体资产各种权益的连续收益，是维护集体合法权益的重要举措。壮大集体经济确保农民能够"带着产权进城"的基本权益，既能有效推进城镇化，又可以为农民进城后的基本生活提供长期稳定的经济来源。少部分村集体经济组织借助地域等优势，实现了相对较快的发展，农村集体资产开发利用程度较高，大部分偏远地区的资源性和公益性农村集体资产仍处于未充分开发状态。农村集体资源资产的价值会随着农村经济社会的发展越来越高，长期闲置会让集体资产流失与浪费的风险越来越大，某种程度上会增加外地企业或业主低价独占"闲置资产"的可能性，损害农村农民的合法利益。尤其是近年来国家财政支农投入持续稳步增加，农用机库、仓储物流设施和初加工场地，以及通村道路、小型水利、卫生室、图书室、活动室等生产生活基础设施随着财政投入修建，在不断转化为集体资产，农村地区的整体集体资产规模不断扩大。特别是脱贫攻坚完成之后，几乎清除了集体经济的空壳村，农村集体资产

发展呈现出新态势。农民群众逐渐关注"新增的集体资产归谁所有、产生的收益如何分配"的问题。因此通过对集体资产的保值增值,盘活利用集体资产,发展壮大集体经济,以促进农民农村共同富裕,维护村集体与其组织成员合法财产权益是一种必然选择。

3. 壮大集体经济是改善农村公共环境、促进共同富裕的有效途径

推进农民农村实现共同富裕,不仅要注重缩小城乡的收入差距,还要优化农村基础设施与公共服务,重点解决农村基础设施与公共服务供需结构失衡、结构性需求不足、缺乏后续管护机制、一体化均等化水平偏低等问题,消除城乡公共基础设施和公共服务之间的差距。但是从公共财政职能来看,财政支出是有限的,不可能涵盖农村所有的公共服务,特别是某些准公共服务。完全依赖中央与地方各级政府部门有限的财政支出,难以满足村民对农村公共服务的所有需求,因此迫切需要集体经济组织发挥自身在改善农村基础设施与公共服务资源供给方面的重要效用。与集体经济组织的自我供给相比,政府提供公共产品,一方面在组织层层传递下容易滋长寻租、浪费与效率不高等问题;另一方面作为村集体的外部机构,难以控制其公共产品供给决策机制的适配性,部分财政性公共服务有可能会忽视或偏离村民真实需求。由此壮大集体经济需要建立与完善农村集体经济中的高效微观经营主体,强化其"统"的动力与能力,通过村民议事统一建设、统一协调、统一经营、统一管理来巩固村民的合作基础,提升农村基础设施和公共服务供给的有效性,防止农村基础设施、公共服务及其他准公共产品建设与维护中出现集体行动困境,并能有效改善农村公共环境,实现共同富裕。

4. 壮大集体经济是提升基层治理能力、促进共同富裕的重要方式

建立在土地集体所有权基础上的农村集体经济组织制度和村民自治组织制度相互交融,是我国乡村治理的框架。但长期以来随着集体经济"统"的功能逐步减弱,集体经济组织不断"淡化",不加区分地将集体经济组织与村民自治组织混为一谈成为现实生活的一种常态。因此,壮大农村集体经济是巩固深化党在促进农民农村共同富裕中的领导能力和服务能力,加强党的核心堡垒作用的物质基础。除此之外,随着城市化进程的加快,农村社会结构的差序格局也发生了巨大的转变。维系农村合作秩序的乡绅、乡贤等传统宗族势力逐步弱化,农村社会最小的基本单位不断扁平化、原子化,治理难度不断加大。壮大农村集体经济可以通过产生集体公共利益代表,增强农村基层凝聚力,充分发

挥相关法律法规、村规民约等对农民的影响力与约束力，在保护传统文化的同时巩固农村文化建设，维护农村基层的公平正义，丰富农民农村精神生活。

（二）壮大集体经济面临的主要矛盾

四川省壮大集体经济实现共同富裕，主要是解决集体经济发展难题，在集体资产的盘活利用、科学管理、经营专业化、保值增值、扶持保障等方面完善相关配套政策，充分发挥集体经济在促进农民农村共同富裕中的综合功能。壮大集体经济、促进共同富裕的根本要求不仅仅是明确集体产权主体。四川省初步探索并形成了适合本土的多元化集体经济发展模式，但当前除了发展乏力、认知偏差等共性问题之外，还面临以下三个方面的矛盾。

1. 集体资产大量闲置和持续管理的矛盾

由于农村多种要素的缺乏和土地指标、建设许可审批等政策环节的制约，四川多数农村集体资产在经济发展过程中处于闲置状态。一方面村集体掌握大量闲置资产，无法摆脱自身投资限制，导致一些资源型集体经济账面上资产雄厚，却没有实际集体收入。另一方面由于农村市场对金融机构来说来说风险较大，多数金融机构不愿意为农村土地产权市场交易提供金融服务，造成农村集体资产股份权能的抵押融资功能较差。集体经济的可持续经营在一定程度上可以规避因集体资产长期闲置的权益损害，然而由于资产市场价值评估不高和资产市场转化率较低等因素，集体经济可持续经营的有效性没有得到发挥。另外四川是劳动力输出大省，每年都有大量的农村人口外出务工，农村空心化、老龄化问题突出。集体闲置资产盘活再利用后由谁来经营管理也是四川省发展集体经济实现共同富裕面临的巨大压力点。

2. 集体资产市场化运营与风险防范的矛盾

四川省农村集体经济尚处于初期发展阶段，集体资产市场化运作的时间相对较短，市场运营能力与抗风险能力尚需市场实践检验。虽然四川省地方政策法规支持股份制改革后的新型集体经济组织市场化运作，但集体产权作为一种所有权主体分散性质的公有产权仍没有发生本质改变，封闭管理、成员固化、内部交易等特征与市场化运作的公平公开竞争要求之间存在矛盾。此外集体经济组织长期以来没有真正法理上的市场法人资格，如何取得组织机构代码证、税务登记证、独立银行账户、开具发票等合法性资质还需要进一步探索。除此之外，虽然四川省出台了《四川省农村集体经济组织条例》，为避免集体经济资产受到损害提供了一定的法律保障，但是面临宏观经济形势不景气或者集体资产受到风险冲击时，集体经济应对风险的调节能力仍然不足。因此，如何在集体经济市场化运营过程中保护集体资产，确保集体经济持续盈利能力，不只依赖于集体经济的发展模式，更重要的是如何通过合法合规的方式调整农民传统的厌恶和规避风险偏好，让他们在分享集体经济收益的过程中共同承担集体经济经营管理的风险。

3. 集体经济外部扶持与内生动力的矛盾

农村集体经济的"公有制"特有属性可以帮助其享有优先享受政策支持的优势，特别是脱贫攻坚后空壳村、薄弱村的集体经济获得了许多政策扶持，2023年的四川省委一号文件重点实施了4项扶持政策，积极引导发展新型农村集体经济，每个村至少可以获得100万元集体经济发展帮扶资金。尽管四川省集体经济获取了稳固的外部政策支持，但是大部分村集体并没有借机形成自身可持续发展的核心产业，集体经济内生性增长与造血功能尚有不足。如果没有发展基金等外部支持，大部分村集体经济可能会因政策支持的"悬崖效应"而再次面临发展危机。除此之外四川农村长期面临劳动力短缺和人才结构性缺失等问题，特别是专业经营管理人才匮乏正在成为集体经济内生发展动能的一个显著短板。《四川统计年鉴2021》显示，四川省2020年农村就业人数为2256万人，比2019年减少了29%。就业人数的大幅下滑，不但证明四川农村人才市场的人才不断流出，而且说明农村人才市场缺乏吸引力，难以发挥产业集聚人才的内在效应。因此，四川省在多年发展中，集体经济长期处于管理运营带头人等多层次人才短缺的艰难处境。再加上村书记、主任兼任集体经济理事长的"三责一肩挑"制度，农村集体经济组织管理层人员和村"两委"人员经常重合，他们管理经营集体经济缺乏有效激励，集体经济发展内生动力明显不足。如何有效调动集体经济自我发展壮大的主动性和积极性，在有效对接和享受政府支农惠农财政投入的基础上，通过引进吸收现代技术、专业能力、经营理念等新式人力资本要素，提升集体经济内生发展动力，是稳步壮大集体经济实现共同富裕的核心。

（三）四川省乡村治理改革前的基本现状

通过收集整理有关乡村治理改革的相关文件、调研报告、情况说明等文稿资料，本书对四川乡村治理改革前的基本情况进行了归纳总结。

1. 改革前四川省乡（镇）行政区划存在的问题

由于历史原因，改革前四川乡（镇）村"数量多、规模小、密度大、实力弱"问题非常突出，致使乡村发展资源要素分散、产业发展受行政区划限制等问题，成为推动经济高质量发展、促进乡村振兴的"拦路虎"和"绊脚石"，到了必须下决心"啃硬骨头"、解决"老大难"问题的时候。

从乡（镇）行政区划看，一是数量多。四川是全国乡镇（街道）数量最多的省份（如图3-1所示），几与排名第二位河南、第三位河北的总数相当，多于山东、广东的总和，其中辖乡镇50个以上的县（市、区）14个，最多的南部县辖乡镇73个。

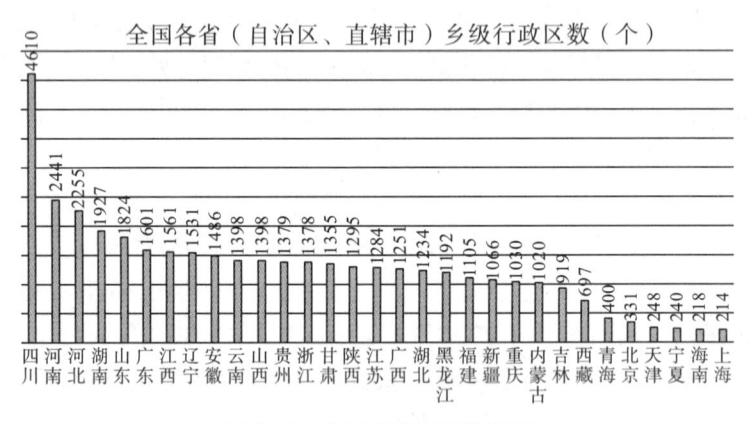

图3-1 乡级行政区划数量图

二是规模小。全省乡镇平均人口1.8万人，比全国平均水平（3.5万人）少1.7万人（如图3-2所示），比东部少3.3万人、比中部地区少1.9万人、比西部地区少0.6万人。其中1万人以下的乡镇占34%，最少的雷波县克觉乡仅265人。无论是人口略多于四川的河南、面积略小于四川的黑龙江，还是毗邻四川的重庆，乡镇平均覆盖人口规模均在4万人以上，而四川不足2万人。全省乡镇平均面积106平方千米，低于全国242平方千米（如图3-2所示），面积最小的壤塘县壤柯镇不到0.3平方千米（如图3-3所示）。

```
5.1   3.7   3.5   3.5   2.4   1.8
东部  中部  东北  全国  西部  四川
```

图 3-2　乡级行政区划平均人口（万人）

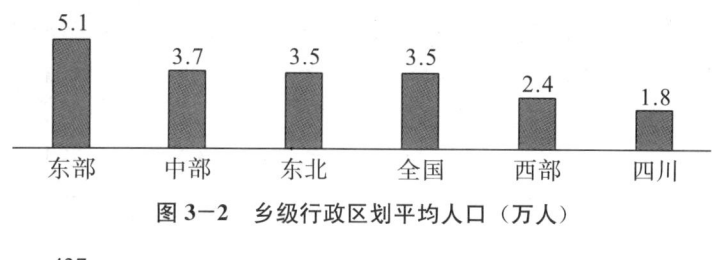

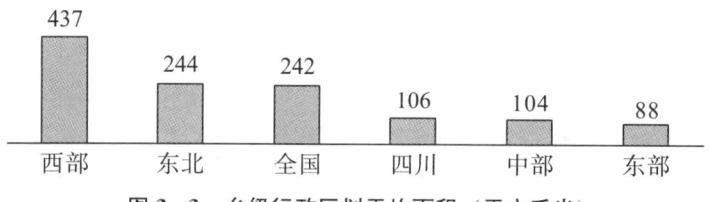

```
437   244   242   106   104   88
西部  东北  全国  四川  中部  东部
```

图 3-3　乡级行政区划平均面积（平方千米）

三是密度大。全省每个县平均有乡镇 25 个，高于全国平均水平（14 个）；每万平方千米设置乡镇 95 个，比全国平均水平（41 个）多 54 个。

四是实力弱。全省乡镇 GDP 平均为 8.8 亿元，比第二位的河南省少 10.8 亿元；镇和街道的数量只占乡镇总数的 55.7%，比全国平均水平（71.6%）低 15.9 个百分点，对经济发展的支撑作用不强。

2. 改革前四川省村级建制存在的问题

从村级建制看，一是数量多、分布密集化。全省村级建制共 52964 个（其中：村 45390 个、社区 7574 个），数量位居中西部地区第 1 位，大于陕西（17015 个）、贵州（13294 个）、甘肃（16022 个）的总和；与人口总量相近的江苏省比较，村级建制数量是江苏（21708 个）的 2.4 倍；与辖区面积相近的黑龙江省比较，村级建制数量是黑龙江（11540 个）的 4.6 倍；与经济总量相近的湖北省比较，村级建制数量是湖北（27223 个）它的 1.9 倍。

二是人口少、村庄空心化。全省户籍人口 1000 人以下的村（农村社区）高达 12173 个，占全省村级建制总数的 23%。全省农村户籍人口中，60 岁以上老人和 16 岁以下青少年数量占比达 36.7%。村庄空心化、老龄化、空巢化"三化交织"，留守老人、留守儿童、留守妇女"三留守"现象突出。

三是选人难、干部老弱化。农村大量党员外流、人才大量外出，现任村（居）两委干部普遍年龄较大、学历低，难以适应乡村振兴、基层治理现代化等重大战略对干部和人才的需求。一些建制村在换届选举时无法选出能人、强人、年轻人，有的地方甚至出现"无人可选"现象。另外，因为选人渠道较窄，某个姓氏的家族（民族地区为"家支"或"部落"）在建制村基层治理人口中占比较高,"村级组织家族化"现象也比较突出,如L州G县Y镇C村,村民以罗姓和沙姓为主,宗族管理特征明显,村支书、村主任皆出自同一小组,罗、沙二姓数十年"交叉轮流坐庄"。

四是投入大、运行低效化。目前,全省投入村级建制的各类财政资金主要分为:村干部基本报酬、基层组织活动和公共服务运行经费、基础设施建设经费3大类。村干部基本报酬方面,2018年全省村(居)干部工资补助经费高达近60亿元,财政保障压力较大,但村(居)干部普遍反映工资待遇偏低;基层组织活动和公共服务运行经费方面,全省每年总计投入财政资金40多亿元,但村级阵地、医疗卫生等存在使用效率不高或闲置现象;基础设施建设方面,由于村落分布星罗棋布、居住形态多点分散,村级基础设施投入较大。

五是产业弱、经营低端化。产业兴旺是乡村振兴的基本要求,更是解决农村问题的关键。目前,四川省多数建制村缺乏主导产业或主导产业不强,使得农村发展内生动力不足。从产业规模看,集体土地家庭承包经营条块化分割的小规模经营,已经成为影响土地流转和规模化经营、制约县域经济发展的现实障碍。从产业形态看,农村仍然以传统的种植业、养殖业居多,处于产业价值链的底端,在一、二、三产业融合发展方面还存在较大短板,特别是对村集体经济发展、农民持续稳定增收的带动不强。

四川乡镇行政区划和村级建制的上述情况,阻碍了国家与社会的互动,难以形成乡村治理的多元主体共治格局。乡镇数量多、规模小、实力弱、密度大的实际情况,使得县乡两级党委政府工作容易流于形式、浮于表面,政策中转多,主动谋划少。乡镇干部疲于应付各种工作任务,完成各项考核指标,工作态度消极。国家行政力量向乡村社会下沉的努力难以收到预期效果。村级人口少、空心化、产业弱的实际情况,使得村干部只能成为"维持会长",工作积极性下降。村两委党建工作缺乏引领作用,难以团结村民发展集体经济,吸引村民返乡创业创收。国家与社会的联结需要重建,国家与社会的互动需要调整。

针对四川省乡(镇)村"数量多、规模小、密度大、实力弱"影响乡村发展手脚这个突出问题,四川将乡村治理改革纳入全面深化改革的系统工作进行考虑,要求各级党委、政府"一把手"亲自抓。在改革谋划上,注重谋事在先、谋定后动,用近一年时间开展系列调研摸底;政策设计上,注重系统集成、务实管用,制定出台"1+N"的政策体系和操作指南;方案制定上,注重因地制宜、分类施策,按不同类区分别提出镇村调整参考标准;推进步骤上,注重试点先行、压茬实施,选择不同类区的市、县先行先试,再全面推开乡镇行政区划调整改革，接续推进村级建制调整改革，同步调整村民小组、优化社区设置，未脱贫摘帽地区待脱贫验收后再启动改革，打出了一套城乡基层建制调整的"组合拳"。

（四）四川省乡村治理目前存在的主要问题

近几年随着脱贫攻坚和乡村振兴的稳步推进，四川省乡村治理体系建设取得了阶段性的成果，但仍然存在一些问题。在城乡形态深刻重构、社会结构深刻变革、利益格局深刻调整的背景下，乡村治理转向现代化主要面临以下问题与挑战。

1. 村（社）党组织作用发挥不充分

乡村党组织是触及最基层的党组织，也是推动乡村地区各类事业发展的重要力量。但由于部分农村地区人才稀缺，村干部存在年龄偏大、素质不高、能力不足等问题。一些党支部书记的综合素质和能力不能适应乡村治理的新要求，部分村党组织带头人缺乏运用数字化技术的能力，习惯凭自己的"经验"和"面子"处理事务。还有一些村党组织管理松散、自身实力不足、群众组织性不够，不擅长也不主动做群众思想工作，缺乏吸引和团结群众的有效措施，导致党员的乡村治理参与意识不强、参与率低。尽管有一些引入的年轻干部扎根于农村，但是他们在开展工作时面临许多挑战，如新引进的党组织干部没有得到村民认同、不被领导重视、与当地村民存在距离感、基层党建活动难以开展等。这种现状与乡村振兴要求不适应，乡村地区的长效治理受到影响。

总体上讲，部分村（社）党组织没能更有效发挥对村民的引领作用。同时，乡村社会形态由传统的"固定"转向"流动"、农民生计结构转向非农生产、农村社区建设等因素导致乡村动态治理格局发生变化，农村党组织的设置还不能适应新形势的发展需要，尤其是针对"两新组织"和流动人口的覆盖面还不够；人口流失导致农村"空心化"，使农村基层党组织发展缺乏党员来源，尤其缺乏有知识、有能力的中青年来源，党员质量不高，带头致富能力不足，影响了农村基层党组织的凝聚力和战斗力；村主任"能上能下"机制不健全，一些地方选不到合适人选担任村干部，一些地方特别是民族地区，村干部的"上下"受到宗族、家族或地方势力影响；村党支部和村民委员会之间职责不清。个别乡村的村主任与村支书有矛盾，"比大小"，这些都在一定程度影响了乡村治理机制的良性运行。

2. 落后的治理方式与现代乡村的"流动"特征不相匹配

在乡村治理中，尚未形成对"流动的乡村社会"的有效治理方式。当下，不论治理方式的"一核三治"、治理主体的"一核多元"，抑或自治、法治、德治的有效融合，在治理方式层面，即具体的制度安排和机制建设，都是主要针对相对静态的乡村社会的治理而形成思路，鲜有对乡村流动社会的积极关注。常常陷入用解决过去问题的固定思维解决新的治理问题的困局中。对乡村的有效治理，需要在制度安排和机制设置上，首先正视并回应四川乡村的流动性特征，包括：①人员的流动性。其表现为农村老龄化、人员的空心化日益严重，农村能人大多外出务工经商，缺乏治理型人才。②信息的流动性。信息时代的到来，农村能够快速便捷地获得各种信息，农民眼界更宽。尤其是致富能人，他们不仅理念新思维开阔，而且擅长沟通，基层干部运用固有思维看问题，用老办法解决新问题，则显然落后。③市场的流动性。市场的流动性早已转变农民的生计方式，农民生计不再囿于一亩三分地，削弱了集体主义思想观念，这直接导致部分农民认为村里事务是村干部的事，不配合、不参与村务。同时，项目制下中央和省多予少取的惠农政策，使一些村民形成了"等、靠、要"思想。乡村振兴视阈下的乡村治理，首先需要破解治理方式如何解决流动性的乡村社会的难题。

3. 乡村事务繁重的行政化局面并未转变

随着事权下沉，乡村干部面临"上面千条线，下面一根针"的境况有增无减。乡村基层的工作压力也由聚焦面向"朝下"供给服务与"朝上"应付各类事务并举，转向主要聚焦面向"朝上"应付各类事务。近年来，自上而下落入基层"千线一针"的境况不仅有增无减，且从乡镇下沉至村社。村社"两委"在"压力型"体制下，对上的各类事务性工作不仅量越来越大，对现代科学技术手段的能力要求也越来越高，导致乡村干部在乡村治理上时间花费不够，业务下沉精力不足。乡村两级层面人少事多，在乡村治理工作上普遍存在精力不足的现象。据不完全统计，乡镇基层部门全年平均收到上级部门各类文件近6000份、各类会议通知近700次、各类迎检、督查和调研通知100余份。基层党组织领导干部的大量时间精力放在了开会传达、完善资料和迎接上面检查，对上级布置的工作任务疲于应付，没有足够的精力和时间去思考和探索乡村治理创新。实际乡村治理工作中治理面向的"压力上扬"与治理服务的"下沉诉求"之间存在差距，这是当下乡村治理需要破解的极为严重的难题。

4."一核"同"三治"之间关系尚未理顺

首先是在治理板块上,乡村治理的"一核"与"三治"之间分而治之。部分地区的村(社)党组织建设工作重点在政治宣传,尚未形成有效管理的运行机制,未能参与到乡村社会的各项工作中去。同样,乡村自治与法治、德治之间尚未形成有效的互助互促、相互成全的融合共治体系。其次是在治理理念上,四川省尚有部分地区,尤其偏远山区、民族地区仍偏重传统自上而下的政府单向管理,"系统治理、依法治理、综合治理、源头治理"的理念还没有根植到干部群众意识中,乡村治理人人参与、成果共享的局面还远未实现。再次是在体制机制上,治理资源尚未形成合力,各部门"单打一"现象突出,政府、市场、社会组织、居民等多元主体在社会治理中的协同合作、互动互补、相辅相成方面的能动性还没有充分调动,"党委领导、政府负责、社会协同、公众参与、法治保障"的治理体制尚未完全形成。最后是在方法手段上,重视行政的"硬管控",忽略了社会自我调节的"软约束",注重事后处置,弱化事前预防和事中化解的情况还较为普遍。

5.乡村集体经济发展普遍落后

在西部大部分农村地区,当地经济主要依赖传统的农业种植、畜牧业养殖等经营模式。农村集体经济发展进程缓慢,村民缺乏合作的经济基础,内生发展动力严重缺失。即使引进了外部的资源,村干部也很难拿出科学合理的产业项目接洽发展。多年来乡村集体经济的发展整体产业规模过小,新模式、新业态不能及时有效产生。乡村经济发展缺少产业支撑,导致乡村治理对村民缺乏共同的利益导向和有效的参与平台,乡村治理也难以真正得到落实。

同城市社区相比,四川省的乡村社区治理,应当以发展带动治理,治理离不开发展。大部分地区的村集体经济发展滞后,难以反哺乡村公共事业,集体经济反哺乡村经济公共事业的机制还需进一步完善,经济发展与乡村治理的良性互动水平还需要进一步提升。在当下乡村治理的政策视阈中,虽然发展乡村经济被放置在十分重要的位次,但却不是最为核心的位次上。总而言之,乡村治理的"发展"理念,与治理实践中的治理内容之间的关联并不密切,经济发展与治理实践之间存在一定的差距。

6.乡村干部的治理能力较为欠缺

乡村治理能力中,乡村干部的治理能力是重要的变量,我们以四川省乡镇、村（社）干部为调查对象，通过问卷调查，收集256个有效样本，对乡村干部的治理能力进行评估，结论如下。

一是对服务对象的评价趋于负向与服务意识转化能力不足共存。基层政府与村社干部的思想意识转换，即转变传统的管理意识和建立起服务意识，是实现乡村治理能力现代化的核心要素之一。在乡村干部层级，变传统管理思维为服务意识的一个表现，是乡村干部以什么样的态度评价本地居民，或者对本地居民的评价是趋于正向还是负向。若乡村干部以积极的态度或者更趋于正向的方式评价本地居民，更多从自身工作不足的方面进行反思，那么乡村干部的服务意识便相对较强；反之，若乡村干部以消极的态度或更趋于负向的方式评价本地居民，难以从自身不足的方面进行反思，那么乡村干部的服务意识便相对薄弱。在这一部分，我们以政府与社会良性互动为逻辑，设计了一组乡村干部对本地居民的评价指标，具体包括：本地居民素质评价、本地居民明辨是非状况、本地居民讲理状况、本地群众工作难易度、本地群众易受煽动情况、本地群众思想开放程度、本地居民信任政府状况和本地居民信任乡村干部状况，如表3-1所示。

根据评价统计情况，乡村干部对本地居民的总体评价趋于负面。首先，我们提出的8个有关对本地居民评价的问题，得分均没有超过4分（优秀段），表明乡村干部对本地居民的总体评价不高。其次，在3个得分处在良好段（3.5~4分）的问题中，排名前两项者均为乡村干部所认为的"本地居民对其的评价"的相关选项，分别为"本地居民信任政府状况"（3.83分）、"本地居民信任乡村干部状况"（3.59分）。换言之，乡村干部的认知中，基于本地乡村干部的工作现状，本地居民对本地政府（自身的工作）做出较高的正面评价。再次，尽管"本地居民明辨是非状况"得分处在良好分段，但却处在良好和及格的得分边界处。而"本地居民讲理状况""本地群众工作难易度""本地群众易受煽动情况""本地居民素质评价"四项对本地居民的评价项上，得分均仅在及格分段。而"本地群众思想开放程度"（传统守旧）的得分更是仅有2.63分。总体而言，乡村干部对本地居民的评价呈现出较强的"俯视"感，负面评价明显，管理意识较强，服务意识较弱。这种"俯视感"导致了干部"我群体"、群众"他群体"的"群体边界"。

表 3-1　乡村干部对本地居民的评价状况统计表

（得分满分为 5 分）

得分段	对本地居民评价内容	得分均值	标准差	得分排名
良好段	本地居民信任政府状况	3.83	0.810	1
	本地居民信任乡村干部状况	3.59	0.827	2
	本地居民明辨是非状况	3.50	0.817	3
及格段	本地居民讲理状况	3.49	0.875	4
	本地群众工作难易度	3.28	1.005	5
	本地群众易受煽动情况	3.16	0.983	6
	本地居民素质评价	3.11	0.798	7
较差段	本地群众思想开放程度	2.63	0.946	8

二是对自我行动能力的高度认同与应用性基础能力较为"脆弱"共存。本部分，我们将在政府与社会互动的逻辑下，试图回答四川省乡村干部如何来评价自身所属群体的工作及能力现状的问题。对此，我们设计了一组对乡村干部的评价指标，具体为：乡村干部群众易见到、乡村干部易接近程度、乡村干部工作忙碌程度、乡村干部值得信任、乡村干部工作压力、乡村干部服务意识、乡村干部的群众威望、乡村干部工作积极、乡村干部应对突发稳定事件能力、乡村干部胜任本职工作能力、乡村干部的法治意识、乡村干部带领群众脱贫致富能力、乡村干部学习新知识能力、乡村干部待遇理想等，如表 3-2 所示。

根据评价统计显示，首先，乡村干部中普遍存在"相对剥夺感"。在乡村干部的自我评估中，"乡村干部群众易见到程度"（4.23 分）、"乡村干部易接近程度"（4.06 分）、"乡村干部忙碌程度"（4.12 分）、"乡村干部工作压力"（3.77 分）四项同基层干部承担事务相关的选项均得到较高分数。随着事权不断下沉，体制内自上而下的"千线一针"现象，逐渐开始从乡镇层级进一步下沉到村社层级，令乡镇及村社干部需要应付的事情更多、工作压力更大。乡村干部一方面需要应付来自上级交办的各类事项和处理来自百姓的种种事务，另一方面还需要贯彻服务型政府的理念，调整传统管理的行动惯性，构建起服务型的行动方向。对承担事务的评价得分趋于饱和，恰恰说明乡镇级与村社级干部中存在对较多工作量的认识，正在形成群体性的"相对剥夺感"。

其次，乡村干部对自我行动能力较为认同。在与乡村干部行动能力相关的几项测评指标中，乡村干部普遍给出较高分值，如"乡村干部值得信任"（3.90分）、"乡村干部服务意识"（3.76分）、"乡村干部的群众威望"（3.66分）、"乡村干部工作积极"（3.66分）、"乡村干部应对突发稳定事件能力"（3.61分）等。可见，不论对于自身组织能力还是对乡村干部整体的内部团结能力，四川乡村干部均较为自信。这在一定程度上反映出四川省乡村干部具有强有力的组织内社会动员能力与行动自信。

最后，乡村干部的应用性基础能力具有"脆弱性"。在乡村干部的自我评估中，"乡村干部的法治意识"（3.40分）、"乡村干部带领群众脱贫致富能力"（3.32分）、"乡村干部学习新知识能力"（3.13分）三项得分较低，而这几项恰是社会转型与社会变迁的新常态下，提供公共服务与进行有效治理的基础能力，这几项能力的较低评分，揭示出乡村干部在有效治理的应用性基础能力上存在"脆弱性"。

表3-2 乡村干部对自身能力及表现的评价状况统计表

（得分满分为5分）

得分段	对乡村干部的评价内容	得分均值	标准差	得分排名
优秀段	乡村干部群众易见到程度	4.23	0.802	1
	乡村干部易接近程度	4.06	0.772	2
	乡村干部工作忙碌程度	4.12	0.862	3
良好段	乡村干部值得信任	3.90	0.893	4
	乡村干部工作压力	3.77	0.889	5
	乡村干部服务意识	3.76	1.044	6
	乡村干部的群众威望	3.67	0.700	7
	乡村干部工作积极	3.66	0.954	8
	乡村干部应对突发稳定事件能力	3.61	0.895	9
	乡村干部胜任本职工作能力	3.55	0.769	10
	乡村干部的法治意识	3.40	1.012	12
	乡村干部带领群众脱贫致富能力	3.32	0.975	13
	乡村干部学习新知识能力	3.13	0.948	14
较差段	乡村干部待遇理想	2.34	0.980	15

7. 乡村居民的社会参与度不足

首先是群众主体意识相对薄弱。长期以来，在传统社会管理体制下，乡村群众是被管理的对象，主人翁意识淡薄，常常是被动员的对象，遵循"动员－行动"的参与模式，发挥主体能动性、主动参与社会治理的行为习惯，在部分地区尚未形成。其次是群众参与动力尚显不足。乡村社会同城市社会不同，对公共文化娱乐活动的诉求不及谋得生计的诉求强烈，而自上而下的群众动员活动，如果同群众的核心生计无法产生必然关联，则很难形成村民参与乡村治理的根本动力。再次是群众法律意识相对薄弱。农民有既定的行为规范，对于法律知之甚少，不懂得通过法律手段维护自身合法权益，也存在因不懂法而侵犯他人合法权益的现象。同时，法律的权威性在部分地区的村民中也还没有完全树立。最后是乡村社会组织发展十分滞缓。目前，大部分乡村社会组织停留在文化兴趣类自组织，或发展相对粗浅的集体经济组织层面，距离能有效参与乡村治理本土社会组织还有较大的差距。总之，当我们聚焦群众参与，希望乡村社会治理的群众主体广泛深刻参与到乡村治理当中时，目前自上而下的群众动员模式，往往难以激活村民的内生动力，而使得乡村治理缺乏有效的主体。

8. 人才流失与缺位削弱乡村治理主体

随着市场经济的发展，我国城镇化水平逐步提升，农村人口尤其是青壮年人口向城市迁移的数量与日俱增。城乡之间的经济发展差异较大和传统文化观念的影响，导致相当一部分农村中的年轻人涌向城市，而长期生活在农村的基本主要是妇女、老人群体与留守儿童。这些长期生活在农村的人并不是主要的劳动力，他们甚至没有接受过完整系统的教育，农业劳动力老龄化、受教育程度低等问题突出，农村专业技术人才严重不足。许多中青年劳动力流往城市，使得乡村治理的骨干稀缺，给乡村治理带来了巨大挑战。除此以外，许多村庄还缺乏能充分发挥作用的服务性、公益性和互助性的农村社会组织，构建乡村治理主体面临许多困难。

9. 乡村不良习俗和风气加大乡村治理难度

近年来虽然启动了各种乡风文明建设，但不少流于形式，实际效果与预期效果尚有差距。传统美德并没有得到更充分有效的传承，盖大房子、红白喜事大操大办等炫富、铺张浪费的不良风俗依然存在，甚至在一些农村地区赌博风气还在流行。在乡村逐渐成为"半熟人社会"的趋势下，先进文化、法治文化的建设急需加强，群众性精神文化活动较少、活动形式单一、精神文化生活欠缺的问题没有得到实际解决。

三、四川省乡村治理的区域特征与改革案例

（一）乡村治理的区域特征

四川省不仅是人口大省，而且还是农业大省，拥有经济相对发达的成都平原，还有相对不发达的丘陵地区和少数民族地区，农村地区在地域类型、文化习俗、资源禀赋、经济发展水平、民族特征等方面都存在差异，这些导致各地乡村治理侧重内容会有所差别，乡村治理由此呈现出不同的地域特征。

1. 成都平原乡村治理的特点

成都平原在不断探索和创新乡村治理模式的进程中，结合自身的地理优势、经济发展条件、资源禀赋等，将乡村治理与互联网技术、集体经济发展产业发展等紧密结合，形成了独具特色的成都平原乡村治理模式，衍生出众多经典的乡村治理案例。例如，随着互联网技术快速发展，地方创新性探索出来"互联网＋乡村治理"的新模式，依托互联网，引领各方力量共同参与到乡村治理，充分调动起村民在乡村治理过程中的"主人翁"积极性，参与到乡村事务中，共同治理群众队伍日益壮大。一些基层政府探索创新将"智慧治理"融入乡村治理，在智慧城市建设、智慧小区建设、镇街智慧治理体系建设的指引下，将智慧交通、智慧治安等功能整合，形成"市级大脑、镇街中脑、村小脑、小区院落微脑"的智慧治理"多网"体系，不断提升乡村治理数字化水平。

2. 丘陵地区乡村治理的特点

近年来，随着经济社会的飞速发展，农村人口尤其是青壮年人口更倾向于向城市流动，导致农村"空心化"现象日益严重。在人口流失的背景下，四川省丘陵地区由此积极探索可行性方案，为乡村有效治理增加新动力。例如，针对目前农村养老难问题，一些丘陵地区基层政府以农村特殊困难老人关爱服务工作作为重点，鼓励多方主体参与乡村治理，探索创新出一套"四方合约"机制，有效解决特殊困难老人现实问题，促进乡村有效治理。面对人口流失导致的农村人才短缺问题，一些地方探索党建指导专家、乡贤人士、"特聘村主任"

等多方合力治理模式，助推乡村特色产业发展，打造"乡村振兴人才服务团"，将人才活力转化为促进乡村振兴的强劲动力。

3. 民族地区乡村治理的特点

四川省民族地区的少数民族文化是四川文化的重要组成内容，是民族地区全面发展的宝贵资源和财富。在推进乡村社会治理过程中，推进民族地区乡村治理现代化的重要手段之一就是融入民族文化中的积极内容。比如，在彝族地区就有独具特色的民间调解文化体系，由"德古"（在彝区有威望的族人）扮演调解员的角色，他们是维护彝族人民社会秩序、调解各类纠纷的本地精英，同时也是长期保持彝族地区团结和谐的重要力量，彝族人民亲切地将"德古"称为"和平使者"。这种民族传统文化对于彝族社会的治理与发展产生了积极的影响。一些地区由此积极创新"德古工作法"，借助民间"德古"的力量，发挥民族文化的优势，更加完善了彝族地区的社会治理机制，社会治理成效明显。

在四川省推进乡村治理的探索实践中，受不同地域差异的影响，各地根据自身的实际条件实施适合的治理方式。在平原地区，尤其是紧邻成都平原的乡村，在成都经济发展的辐射下，区域优势良好，因此推进城乡一体化是下一步乡村治理的新要求。丘陵地区的青壮年流向城市，农村空心化、老龄化问题凸显，乡村治理就需要更加关注留守群体的现实需求。民族地区的乡风民俗不仅是宝贵的文化资源，还需要积极调整以与乡村治理现代化相适应。

（二）金堂案例：探索平原地区城乡社区发展新模式

金堂县位于成都平原东北部，地处成都半小时经济圈内，受成都市经济辐射影响较大，城乡之间人口和资源流动日益频繁。金堂县面临的主要问题之一就是如何缩小城乡差距、促进城乡一体化发展。为解决城乡社区发展治理过程中存在的治理人才缺乏、资源分散、社会力量缺位等难题，金堂县围绕群众的多元化需求，在成都市率先搭建了城乡社区发展治理支持平台，通过市场化手段推动县域内社区发展和治理，诸如为社区组织提供孵化服务、为当地企业提供资金与技术支持、鼓励当地居民参与治理等。同时，金堂县充分整合优势社会资源、汇聚各种社会合力，促进政府治理和社会监管和居民自治的良性互动，构建共建共治共享的良好格局。

1. 设立"社区发展治理促进会",培育智囊团队

金堂县通过设立"社区发展治理促进会",切实打造务实、高效、专业的社区发展治理智库团队,成立了专家库、社区规划师智库等。首先,针对专业人才短缺的问题,聘请了几位来自中山大学、四川大学、北京大学深圳研究生院、乐橙智库等国内外专家学者,创建了专家智库。其次,在社会上公开选拔具有社区动员能力、美学应用能力和专业服务能力的志愿者,并分配到具体的社区建设项目中,深度参与社区建设,组建高效的社区规划师智库。最后,邀请部门业务精英、社区工作者、媒体记者等人员策划社区发展治理项目,总结县域内社区发展治理经验。通过上面三项措施,推动农民安置区完成了"五微工作法"(微组织、搭建微平台、履行微公约、实施微改造、开展微认领)的治理,居民自主参与、自主决策和自主行动的意愿和能力得到显著提高。

2. 设立"社区发展基金",筑牢资金发展后盾

金堂县注重整合政府、社会和社区的各种资金,为社区发展和治理提供源源不断的资金支持。首先,积极争取政府资金。县政府助力社会组织和社区提升购买政府服务、开展社区建设的能力,同时积极向上级申请扶持资金和争取市县两级激励资金。金堂县于2018年已经助力社会组织争取市级14个扶持项目、扶持资金达68.8万元。其次,充分盘活企业资金。动员鼓励企业捐资800万元组建了集整合资源、资助项目、培育赋能等多功能于一体的资助型平台——"成都金堂社区发展基金会",重点推进区域内社区治理与发展公益慈善事业。设立基金会后筹资800万元同社区保障激励资金等整合利用,围绕"培育公益慈善力量、助推社区发展治理"的目标,开展了"牵手计划""育苗计划""星火计划",推进了"社区公共空间美学"项目。最后,鼓励成立社区微基金。金堂县充分调动社区积极性与能动性,建立资金"蓄水池",增加社区造血功能,并通过社区集市、城乡互动、企业捐赠、共同购买等形式,成立了5支社区微基金。

3. 设立"社区发展治理学院",提供人才支撑

金堂县针对居民、社工、社区干部成立了社区发展治理学院,按人员类别进行教育培训,以增强社会力量参与城乡社区治理发展的能力。社区发展治理学院下设有3个学苑:"友邻学苑""社工学苑"和"治理学苑"。友邻学苑以提高居民参与度为使命,主要推广提升居民公益意识、志愿者精神等培训活

动。友邻学苑截至2021年已通过公益活动、志愿服务等形式组织过478次培训，为城乡社区治理和发展提供了人才支撑。社工学苑以提升社区工作者专业化水平为愿景，为社会组织和社会工作者提供专业社会工作知识和社会组织发展等专业方面的培训。截至2021年，社工学苑已举办了52期"展翅计划"，提供关于社区工作专业技能、组织培养和发展等入职前培训。治理学苑以提升治理人员能力为目标，面向县、街镇、村社、院落等治理人员举办社区发展与治理等有关培训。截至2021年，治理学苑已举办了64期理论研究、技术实操等培训。

4. 设立"社区发展治理服务中心"，厚植发展土壤

金堂县在县、乡镇（街道）、村（社区）三级机构分成立了社会组织服务中心，通过社会组织枢纽带动、社工人才参与式陪伴、社会组织领导能力提升等形式，孵化和培育社会企业。通过实施"三孵化"计划，拓展党组织在社会组织中的覆盖面，促进社区和社会企业的发展。首先，孵化社会组织。金堂县在建立社会组织、鼓励社工人才培养居民骨干人员能力、整合社区资源鼓励居民参与社区公共事务等基础上，新孵化了多家本地社会团体。其次，孵化社会企业。通过组建交流平台、开展辅导培训，帮助社会组织和公益企业以更快的速度发展成为社会企业。金堂县助力25家企业进入种子企业库。其中的1家企业已通过中国慈展会的认证。最后，孵化社会组织并建立党组织。按照"行业主管+属地兜底"的原则，引导有条件的社会组织分别成立了1个党委、1个党总支、20个党支部。191个党员在3人以下的社会组织通过行业共建、片区联建、龙头带建等方式共同成立了党组织。

5. 设立"市民服务中心"，营造优质环境

金堂县成立了市民服务中心作为政府综合性服务平台，提供行政审批、市民服务和公共资源交易等多项服务。市民服务中心主要目标是项目化、市场化，打造城乡社区治理的优质环境。首先，助力打造公共空间。服务中心通过问卷调查和社区建设等方式了解群众的真实需求，注重同步规划建设社区公共配套设施，按照"可进入、便参与、利共享"的原则，建设亲民、便民、利民的邻里中心与公共空间。截至2021年金堂县已完成71个村（社区）党群服务中心的改造，开展了城中村整改、老旧院落改造、背街小巷整治等80个项目，同时新建两个社区养老服务综合体。其次，策划举办活动项目。市民服务中心全力开展社区文化活动，通过开展丰富多元化的活动唤起群众的参与意识，拓

宽群众参与的途径。市民服务中心举办了"社治讲坛""最美阳台""百姓故事会"等20多项特色活动。最后，促进市场运营管理。金堂县立足居民对社区综合体、党群服务中心、院落等公共空间的需求，通过整合社区管理功能，推动文体商业发展，重点打造15分钟社区生活服务圈。同时，鼓励社会组织和社会企业参与社区公共空间的运营管理，督促社区提升自我发展能力，截至2021年，金堂县已引进15个社会组织和志愿者团队到服务中心工作。

（三）珙县案例：解决丘陵地区农村养老问题

四川省丘陵地区大量农村劳动力流向外地，特别是新生代农业转移人口日益成为农业人口的主体，导致了丘陵地区农村空心化、老龄化问题越来越严重。农村中老年人如何养老已经成为丘陵地区乡村治理的重点。在此背景下，四川省宜宾市珙县针对农村养老问题，创新探索出一套"四方合约"机制，重点解决特殊困难老人的现实问题，促进乡村有效治理。

1. 科学建立"四方合约"，助力乡村治理

珙县建立科学长效机制，选派优秀人员成立巡防队伍，精准确定关爱对象，签订爱心四方合约，促进了助老工作顺利开展。首先是建立长效机制。针对留守老人生活照料缺乏、安全隐患较多等养老问题，珙县顺势而行，以"大力弘扬孝亲敬老，净化乡村社会风气，拓展村级老协职能"为宗旨，建立健全关怀老人工作机制，实现制度规范上墙、巡访员戴牌工作、表册及时更新并公示。其次是成立关怀老人巡防队。珙县引领区域内社会力量积极报名加入巡防队，经过村（社区）党组织一系列的面谈、走访等，精确选定符合要求的巡防队成员，确保巡防队伍的高质量发展。随着巡访工作的推进，大量志愿者、爱心人士、青年学生主动加入巡访助老工作，基层助老队伍规模不断壮大。再次是精确选定服务对象。由村党组织提名重点帮扶的特殊困难老人，再经过评定、审核、公示等流程后选定。其中，重点帮扶对象主要为60岁以上的独居老人、残疾老人、特困老人等。最后是签订"四方合约"。村（社区）党组织统筹指导，指导和组织村委会、村老年协会、特殊困难老人、助老巡访员签订《助老巡访爱心合约》，明确四方责任：村委会负责引导、协调、监督与确保"四方合约"有效运行；村老年协会负责建立与管理老年人台账；有特殊困难的老人承诺向助老巡访员提供真实信息，并客观评价服务；助老巡访员按照开展服务的标准，定期为老年人组织开展免费体检、政策宣传、上门护理、文化活动、兴趣培养等活动，推动助老巡访工作贯彻落实。"四方合约"实施以来，

珙县已有300多人加入了助老巡防队伍，将5700多名特殊困难老人纳入服务对象范围，累计签订2400多份关爱服务合约。

2. 贴心履行"四方合约"，推动乡村治理

珙县通过推进安全排查工作、开展爱心陪伴活动、为老年人提供日常服务和创新养老模式等方式来增强特殊困难老人的幸福感与安全感，为推动乡村治理有效发挥了重要作用。首先是强化安全调查。为了及时掌握特殊困难老人的需求并提供无微不至的服务，助老巡访员每周对独自居住的老人进行上门走访与电话巡访，帮助遇到困难的老人及时解决问题，如果不能当场及时解决，就向老人子女和村"两委"反馈并共同寻求解决方案。其次是开展暖心陪伴。针对特殊困难老人、留守空巢老人等在节假日和过生日时没有人陪伴问题，助老巡访员入户进行暖心陪伴活动，为老人送上节日祝福，询问老人近期的身体状况，并陪伴他们聊天谈心，尽可能缓解他们的孤独感，满足他们的情感与心理需求。再次是提供助老服务。根据每位老人不同的情况，助老巡访员会为其提供特殊的关怀服务，如为行动不便的老人购买日常生活用品、为留守独居老人讲解养老政策、为缺少关爱的老人提供理发和美甲等服务。最后是创新养老模式。针对无子女老人身体条件弱以及内心孤独的现状，珙县创新了"分散+集中"的农村互助养老模式，即在家解决生活问题、集中解决文化需求和健康问题的模式。"四方合约"实施以来，珙县共发现并解决1200多个特殊困难老人的健康和安全隐患，助老巡防员提供了1500多次专业服务。

3. 全程管理"四方合约"，保障乡村治理

珙县通过细化助老服务方案、强化经费等要素保障、建立考核机制并强化助老工作的监督考核以保障助老服务贯彻落实和乡村治理的有效推进。首先是细化服务方案。根据每位老人的实际身体状况、生活状况、基本需求等量身定制服务方案和计划，形成"一人一计划、一人一台账、一人一措施"的精准助老服务方案。将服务方案有关信息输入到助老巡访监督系统，保障助老巡访员能及时掌握老年人的基本情况，确保助老巡访工作精准顺利推进。其次是增强要素保障。县级财政按照对应的标准拨款用于购买助老巡访服务，并结合全县人均消费水平等实际情况，每年动态调整标准。县级福利彩票公益金留成部分50%以上用于建设养老服务、老年养护中心、办公养老机构进行社区养老服务综合体等项目。再次是建立考核机制。珙县探索完善"四方"监督责任，通过村委会的监督指导村养老协会推进巡访工作，村养老协会对巡防员管理与考

核，老年人对考核巡访服务效果进行评估，有效贯彻落实"四方合约"。以"精神鼓励＋物质奖励＋政治激励"的形式推动农村养老事业发展，定期表彰优秀团队和先进个人，并鼓励表现突出的个人优先推荐入党，从而调动助老巡访员的工作主动性、积极性，切实提升养老服务质量。最后是加强监督考核。建立网络四级监督机制，通过微信程序实时了解和监督巡防工作的总体情况；县级相关部门需要把助老服务工作纳入基层工作考核范围，对助老工作没有充分贯彻落实的单位、个人进行通报批评。

（四）峨边案例：破解彝族地区"双高"难题

彝族地区的生活水平因脱贫攻坚而显著提高，但是相对于生活水平的提高，风俗观念的转变是一个十分缓慢的过程，在一些地方还存在一些陈规陋习，一些人思想观念比较落后，这对推进彝族地区乡村治理来说是一个很大挑战。例如，彝族地区的婚嫁聘金、礼金不断上涨，部分地区已高达数十万元，远超大部分人的承受范围，群众因婚返贫、因婚致贫的问题明显。在这样的背景下，乐山市峨边县创新推出了"德古工作法"来解决这一难题。

1. 落实协会自治管理

峨边县在地区管理方面创建了19个乡镇调委会、129个村级调委会、7个社区调委会、5个企业调委会与7个行业调委会，通过干预和协调处理好纠纷。除此之外峨边县还组建了由彝族乡贤领导、县级部门人员和乡镇企业负责人等组成的"德古"协会，包括县"四大家"。协会不仅重视整治，而且注重规范引导，在发挥"德古"号召力的同时，也增强了村民参与治理的主动性。协会试图规范整治"双高"现象，有效控制彝族婚嫁聘金、礼金不断攀升的趋势，使其回归理性。

"德古"协会的成立充分发挥了传统彝族地区家庭、家族威信，既起到了相互监督的作用，又保证了协会自治管理的特点，以保证婚俗新规的有效贯彻落实。比如离婚产生的纠纷，应由家族、家庭亲属共同协商赔偿，过错在于女方的返还彩礼礼金，同时给予男方不低于1万元的赔偿；如果过错在男方则放弃彩礼、礼金的赔偿权利，并给予女方不超过5000元的赔偿，防止离婚纠纷带来的社会治安问题。

2. 民间与政府实现联动互动

在管理模式上，峨边县以"德古"协会为平台支撑，融合进法律手段。不仅发挥"德古"调解的优势，同时解决了法律援助资源短缺的问题。首先，落实"诉调对接"，县人民法院聘用12名"德古"担任"特邀调解员"，此外县人大委任2名"德古"为人民陪审员，参加彝族民事诉讼案件的审理。其次，实行"检调对接"，9名"德古"在县检察院担任"刑事调停人"，积极介入刑事诉讼的调解，成功调解500多件刑事案件。最后，增强"防控对接"，峨边县结合调解案例，积极宣传和群众利益密切相关的法律法规与政策，协会和当地司法机关调解4800多件民间纠纷，形成"上下连成线，左右连成片"的联防联调工作格局。

3. 习惯法规定调解流程

在管理方式上，峨边县基于之前的案例、彝族的习惯和规矩习俗形成了"德古"九种调解方式，解决峨边彝族地区的矛盾纠纷。首先，为了调解流程标准化，峨边县制作了德古调解流程图，涵盖履行协议、回访、整理归档等10项调解程序。同时参考"三三制"调解原则，维持调解秩序。其次，峨边县专门制作了德古调解档案，规范了德古调解邀请函、调解记录、回访记录等。借助有效的文字记录，"德古"九种调解方式终结了之前德古调解空口无凭、一面之词的不良局面，为依法行政提供有效参考。

在抵制彝族婚礼"双高"进程中，民事婚姻纠纷频繁发生，"德古"调解法的实施有效地缓解了群众之间的矛盾。除此之外全县举办"德古"大会，由县主要领导出任顾问，颁布了《推进彝区婚俗新风工作的实施意见》，建立"民间约定＋村民自治＋宣传教育＋党内监管"的治理模式，规定了婚嫁聘金与礼金的最高额度。"双高"治理实施以来，全县彝族的彩礼、礼金都控制在"红线"以内，平均金额比治理前下降了52％。

4. 强化三个保障实现长效治理

在上述三项措施的基础上，如何确保婚俗新风的长效性是后续治理工作的主要方向。为达到长效治理效果，峨边县建立了"三项保障"的引导模式。

首先是机构保障。通过组建不同机构，保证制度自上而下地执行到实处。一方面，成立了彝族婚嫁新风工作领导小组，由县长出任小组组长，成员涵括县纪委、县民宗局、县司法局等16个部门。另一方面，组建了彝族地区婚俗新风倡导委员会，整合了政府部门、民间"德古"、家族代表、民族工作者等多方力量资源，全程科学指导各乡镇推进婚俗新风工作。

其次是制度保障。通过明晰有关制度规定，保证调解工作有法可依。及时公布了推进彝区婚俗新风的实施意见，推进了课堂宣传、村民自治、目标考核等多项具体措施。并且通过彝族地区婚俗新风专项研讨会的安排，明晰界定了婚嫁聘彩礼、礼金的种类与数额，并及时向群众公布。研讨会实际上是一个议事模式，由新风倡导委员会发起，每年举行一次。

最后是舆论保障。通过营造良好的舆论氛围，减少"双高"现象的不良影响。一方面设置"新风教育课堂"，讲解婚俗新风。宣讲团成员涵盖党政干部、民族工作者和民间社会名流等。另一方面开展"婚俗文明新风宣传月"，营造婚嫁的良好氛围。宣传内容主要为《中华人民共和国婚姻法》、习俗规定等法律法规与民族习惯法。

（五）江油案例：乡村振兴实践中的协同治理

四川省江油市作为一个县级市，位于四川盆地北部，辖区面积 2719 平方千米，总人口达 86 万，下辖 23 个乡镇、1 个街道办事处与 1 个省级高新技术产业园区，是全省第一批县级文明城市和中国西部最具投资潜力百强县（市），2022 年实现地区生产总值 638.92 亿元，同比增长 20.95%。江油市在乡村治理实践中，形成了"市委总览＋专班推动＋常态督导＋拉练比拼"的工作机制，优化了全市产业布局，提升了公共服务水平和基层治理能力，为新时期基层治理现代化提供了可供选择的方案和典型案例。江油市通过党政一体化的多方协同治理体系，持续加强基础设施建设、完善公共服务设施、创新发展镇村特色产业，形成了助推农村经济社会持续发展的强大动力，同时从根本上改变了乡镇"权、责、利"不对等与"人少事多"的局面，解决了村干部后继无人和鲜有"能人进村"等问题；在乡村振兴的组织基础与人才基础得到巩固的同时，壮大集体经济，激发市场活力，增强社会服务水平，结合乡村发展的自治、法治和德治目标，奠定乡村振兴战略的基础。

1. 优化党政组织结构，提升党政统合能力

为打通在党政一体化框架下打通"纵""横"双向治理通道，江油市通过合理规范赋权、统筹配置资源、优化组织结构、变革管理方式，有序推进简政放权、下沉资源、扎实做好管理服务，有效解决了体制机制问题，实现了乡镇管理服务体制改革深入发展，推动乡村治理实现高质量发展。首先，通过建立纵向三级党政组织联动的党委领导、政府专班统筹机制，建立"市委总览＋专班推动＋常态督导＋拉练比拼"的横向组织架构，提高组织能力。尤其是市委组织部建立了人员编制动态调整机制，实行"基本编制＋浮动编制"，成立编

制周转池，激活编制资源的活力，根据乡镇阶段性重点工作情况，及时调配编制，扶持乡镇用编用人。其次，通过"限定机构＋自主机构"相结合的做法，将管理权限灵活赋权于乡镇，给予乡镇充分的权力，允许乡镇在限额内自主决策设置机构。乡镇在实际工作中制定了委托下放行政权力事项"1＋3"指导清单，下放行政权力事项85项，创新探索了"一支队伍管执法"模式，解决了乡镇权力小责任大的问题。对于乡镇运行中实际有资源但调配困难等问题，把简政放权作为提高乡镇治理能力的重要方面，从逐步分类赋权、管理权限下放等方面着手补齐短板、稳固基础，如实行"部门管理＋属地管理"的制度，将属权下放。把派驻机构的日常管理、资金拨付、人员调动和任免、人员考核、年度目标绩效考核等管理权限向乡镇倾斜，派驻机构"在哪工作、在哪考核、听哪指挥"，不仅调动了派驻机构工作人员参与管理服务乡镇工作的积极性，还为乡镇提供了切实有效的管理手段，实现了乡镇统筹"一盘棋"，促进了政策落实。

2. 汇聚市场多方主体，激发经济发展活力

江油市在提高党政一体化政治能力的基础上，通过引入多元主体，充分聚集和调动各种资源禀赋，以"市场＋集体"的形式推进乡村振兴。

首先，明确党组织、村委会与集体经济组织三方关系，在村党总支的领导下，村委会和集体经济组织的日常事务和财务完全分离。村集体经济组织采取"公司化"方式运行，组建了成员代表大会、理事会和监事会等机构，公开聘请职业经理人，建立薪酬激励约束机制。同时实施"法治化"监管，完善规章制度，强化财务监管，确保产权清晰、权责明确、监管有效。其次，盘活闲置资产，充分利用闲置资产。江油市根据资产的区位、类型、规模等不同情况，创新"＋国有企业（统一经营）、＋工商资本（租赁）、＋龙头企业（入股分红）、＋公益事业（便民服务）"四种模式，全面清查集体资产，设置好台账，明细权属，分类盘活镇村闲置资产面积3.9万平方米，为发展经济、社会事业进步夯实了基础。同时这也整合壮大了集体经济，确保村民增收。根据资产和债务情况，141个合并村的村集体经济组织通过直接融合或按照"旧账分离、新账统一"的思路分步整合，促进融合发展，155个村集体经济组织年收入均超过3万元。最后，建立股份制经济合作联合社。集体通过采用"村集体＋合作社"模式，组建多个股份合作社，以加工厂等资产和资金入股，开展各种经营活动，成为乡村振兴产业的组织者、管理者和服务者。以战旗镇白沙村为例，该村集体经济联合社出资控股，成立了"土地经营""农机租赁""劳务合

作"三大专业合社,实现了土地入股地生钱、机械入股器生钱、劳务入股力生钱,土地合作社共吸收了853户农户的土地入股,占全村农户的74%,新建了一条稻米精加工流水线,使原有产值增加了60%以上。

3. 完善社会服务功能,推进基层多方共治

把经济做强做大,为提高农村社会服务水平奠定坚实的基础。在乡村党政一体化的组织协调下,多元主体参与到社会服务,坚持公私结合的原则,解决了公共服务供给不足的问题。首先,结合现实情况按照建设区域中心和强强融合的思路,全面提高乡镇医疗和养老保障水平。目前计划建设2个县域医疗次中心和6个区域性养老服务中心,促进非建制乡镇卫生院和养老院一体化发展,探索"两院一体、医养融合"的新模式,为人民群众提供医疗和养老保障。其次,切实提升教育服务水平。按照"一就近、三集中"的原则优化教育布局,新建幼儿园4所,圆满完成"5080"任务;将4所中心学校下属的学校、非建制乡镇小学并入乡镇小学,所有初中全部集中在中心城镇,对27所寄宿制学校进行维护改造。再次,坚持构建以党政为统领、阵地为先导、人才为基础、服务为核心的"四位一体"社会心理服务体系新模式。通过建立市级、乡镇、乡村(社区)服务站(室)、部门行业服务室四级实战阵地,有效发挥接待、团辅、解压、咨询四大功能,使服务网络完成全域覆盖。通过党政一体化下的多元协同治理,江油市在乡村治理中的政治组织、经济发展与社会服务功能均得到了极大提升,在确保村民共享乡村振兴红利的基础上,真正实现了自治、法治和德治目标。同时探索出"2345"矛盾纠纷多方化解机制,将其与网格化管理服务、社会心理服务、雪亮工程等功能整合进综治中心,实现资源共享、信息互通、优势互补、统一指挥。最后,乡风文明和德治水平也得到明显提升。通过构建新时期文明实践"中心—所—站"三级联动体系,联合组建志愿者队伍128支,总人数达11.5万人,定期进行"乡风文明十大行动",教育引导群众自觉践行文明新风。江油市目前已创设24个新时代文明实践所、253个文明实践站、10个文明实践基地,各级文明村镇比例超过60%,并创建为第六届全国文明城市。

(六)彭州案例:坚持将发展集体经济嵌入乡村治理

彭州市全域除了宝山村外,长期坚守发展集体经济,近年来在国家政策激励下,全区推进内生型集体经济发展并取得显著成效。在集体经济组织引领下,彭州市13个镇街的多个社区的治理效能显著提升,渔江楠村、丰碑村、

昌衡村等几个农村社区屡次被《人民日报》等新闻媒体深度报道,丹景山镇等成为省级乡镇治理现代化的示范点。这种变化主要是在实践探索中由村两委和集体经济组织形成联结的结果,集体经济的全员化有效填补了乡村治理主体缺失、治理资源分散和治理权威欠缺等不足。从新制度主义角度来看,组织同构可以推进不同组织之间的正式结构与每个组织的内部规章制度趋同。在特定的时代背景下,不同性质的组织有同质化倾向,这既可能是面临生存压力下组织的理性主动选择结果,也可能是为了寻求合法性而做的被动选择,而组织趋同理论可以有效地解释集体经济为什么能作为制度化联合体的组织联结的内在机制。

经过新一轮撤村并镇的调整,彭州市由原来的20个镇街调整到现在的13个镇街。2020年的清产核资结果显示,彭州市的农村集体资产达到50.31亿元,其不动产价值高达38.98亿元;各镇街之间发展不平衡,仅龙门山镇宝山村的集体资产产值就超过80亿元,其次是桂花镇的产值达到2241.3万元,丹景山镇最低只有192.7万元;集体经济产业主要是种植业和乡村旅游等,高附加值产业相对稀缺。集体经济的收入由经营收入、发包与上交收入、补贴收入和其他收入组成,其中经营收入占集体经济总收入的3%,而土地租赁收入约占经营收入的40%。补贴收入占集体经济总收入的78%,而补贴收入往往以项目制的模式运作,通常会倾斜于"示范村"与"薄弱村",分布并不均衡。

为了推动农村高质量发展与高效治理,彭州市创新提出了"集体经济全员化"概念,以宝山模式为指引,通过核查"三资"、量化入股、村民全员参与及按股分红等方式,逐步形成了全村共富的宝山模式、区域联动的渔江楠模式、租赁自营的白鹿场社区模式、村企共建的皇城模式、平台孵化型的丰碑模式,确立了村两委与集体经济组织"三位一体"的管理模式,把基层党组织、集体经济组织与村民自治组织相互联结,高度嵌入社会治理的"三治"模式与"三共"发展格局,此外协同推进党建引领权、经济发展权与社区自治权三者共同发展。这不但构建了"产业兴旺、生态宜居、乡风文明、治理有效、生活富裕"的社会主义新农村,而且形成了较强安全感的生活共同体、较高幸福感的组织共同体、较浓获得感的利益共同体,也使村民矛盾纠纷从2017年的近百件减少到2020年的35件,其群众满意度在成都市22个区(市)县中名列前茅。彭州市13个镇街以"集体经济全员化为契机",通过治理嵌入和组织同构促进了乡村的高质量发展和高效治理。

（七）眉山、新都案例：艺术乡建参与乡村治理

近年来为了促进"三农问题"解决、推动中国式现代化以及挖掘农村市场巨大潜力，在国家乡村振兴战略引领下，我国各地纷纷加大对乡村振兴的扶持力度，开展一系列的乡村经济社会建设项目。在这个过程中，艺术助力乡村建设被实践证明是一个有效渠道和方法，催生了新的机遇和动力，使乡村社区变得更具活力、吸引力。2022年文化和旅游部、教育部等六部委联合出台了《关于推动文化产业赋能乡村振兴的意见》，在总体要求、基本原则之外，特别强调了七大重点领域赋能乡村振兴的要点，美术产业赋能排在第四位。如今，随着交通基础设施的日益完善和智能通信设施的互联互通，不少乡村建设者将文化艺术资源转化为未来乡村建设、经济发展的现实优势，走出了一条文旅融合经济发展之路。但也要看到，目前在艺术介入乡村现代化建设的实践中，存在着多主体利益不协调、村民主体话语权旁落、村民前期缺少主动性、后期缺乏能动性、规划理念趋同、艺术审美同质化现象严重、艺术介入地方产业的创新转化不够、经济效益变现能力不足、产品与服务的消费人气不足等问题。针对上述问题，在近年来四川乡村治理实践中，四川音乐学院等以艺术乡建参与到四川省眉山市、成都市新都区的乡村发展和治理中，通过"润物无声"的艺术方式发挥对乡村治理的积极作用。

1. 艺术乡建在乡村治理中时代价值

（1）艺术乡建是助力乡村振兴战略的重要渠道。乡村文化建设包括多元的内容和形式。"大艺术观"应成为当前中国乡村振兴的高质量内涵式发展重要理念之一。在乡村基础社会、公共空间、广大民居、生态环境等诸多领域，艺术理念、艺术规划、艺术创作、艺术建造都应因地制宜，融入进去，才能打造成具有地域特色、审美价值和艺术品位的乡村。目前艺术乡建工作具有乡村振兴和共同富裕双重背景，它是"文化振兴"的进一步深化，更是实现共同富裕的一种重要内驱力，意在重构人与人、人与乡村、人与自然的关系，有效激活人的个体价值和乡村资源价值，振兴乡村产业、美化乡村环境、复活乡村文明、助力乡村治理，从而使乡村获得物质与精神的获得感、幸福感。

（2）艺术乡建是实现人们美好生活的必要内容。艺术乡建其最终目标与新时代"共同富裕""现代化"的诉求在内在逻辑上是一致的，凸显了追求"实现人的自由而全面的发展"价值。共同富裕提出的"物质富裕、精神富有"是对这一终极目标的形象诠释。"精神富有"的含义并不仅仅是精神文化产品的

多样化，其最终目标还是满足人的审美需要，使人获得精神享受和审美愉悦，艺术恰恰是实现"精神富有"的有效途径。以艺术为载体的"乡村建设"，最终的目标是提升审美意识、净化人的思想、养成良好的生活方式和行为习惯，从而促进人的全面发展。

（3）艺术乡建是实现差异特色发展的价值选择。艺术乡建的根本目的是绘就乡村时代之美，其开展的活动、采取的方式要和乡村振兴的整体目标结合起来，尤其要防止"千村一面"情况出现，这就需要引入科学研究，以综合解决方式处理具体问题，形成"一村一策"，彰显每个乡村的独特之处，在"审美韵味、文化品位"上做足做好文章。艺术乡建的内涵涉及乡村文化、产业发展、生态环境、乡风民俗、社会治理、生活幸福度等多维度，乡村治理者既要把握艺术产业发展规律，又要遵循乡村发展规律，更要深刻理解地域历史文化特点，在项目设计之初，就需要"整村 IP 化"的打造思路。

（4）艺术乡建肩负当地文化传承的职责使命。以农民群众文化需求为导向，充分挖掘地域文化，创造提供他们乐于参与和愿意享受的文化艺术服务，与生产生活相融入，契合当地产业发展，探索走出具有地方特色的艺术乡村治理之路。中国文化传承中的田园诗派、乡贤文化、宗族文化、山水画派等领域都离不开乡村载体。乡村地区往往存在一种纯朴、地域特点的文化遗产，艺术可以通过诗歌、音乐、绘画等不同形式来展现这些文化遗产。这不仅有利于提高当地人民的自尊自信和文化认同，而且有助于文化传承和保护。艺术乡建将传统乡土文化的保护传承和开发利用结合起来，发挥乡土文化在改变村民思想观念、价值追求、审美意识等方面的教化功能，这是艺术介入乡村建设的重要功能和应有职责。

（5）艺术乡建是促进共建共管共享的治理创新。通过艺术活动和交流，乡村地区可以与城市人群相互交流和合作，以建立不断发展的社区网络。当艺术家、艺术爱好者和当地居民参与到文化活动中，他们就有机会了解彼此的职业、兴趣和经验，这有助于促进社区共同发展和互相学习。2023 年 7 月中央出台《"我的家乡我建设"活动实施方案》，鼓励各类城市能人回到家乡参与村情调查、村庄规划、项目策划、建设施工、艺术设计、文化传承、产品营销等事业发展。其中大力倡导城市艺术人才将"作品"写在中国的乡村，这种人才流动势必促进乡村人才集聚和交流，催生共同管理、服务机制，推动以共建共管共享为特征的乡村治理创新。

（6）艺术乡建是孕育特色产业发展的有效途径。艺术乡建可与教育、旅游、康养、互联网等多个行业交融共生，撬动各领域资源融合与联动，为进一步提升社会效益和经济效益提供更多可能。艺术可以成为一个富有吸引力、独特和繁华的标志,吸引游客和投资者进入乡村地区。艺术节、音乐会、画展和文化展等艺术活动,是吸引更多游客来到乡村地区的好方法,可以促进地方经济的发展,提高当地企业和银行的贷款申请获批可能性,提高当地居民的收入水平。

就当前理论研究和乡村实践整体而言,艺术助力乡村振兴体现了一种积极的文化重振理念,作为一种兼具传统文化和现代艺术元素的新兴乡村融合方向,在乡村建设、发展和治理中将有着广阔的发展前景,具有现代化、特色化和价值化的综合效应。艺术如何科学介入乡村建设,需深度探讨艺术的社会价值与乡建策略,以激发村民的内生动力,提升乡风文明,才能真正实现乡村有效治理。① 此外,农村地区所面临的城市化和人口流失问题是全球性难题,通过"艺术乡建"活动,可以鼓励更多的年轻人、企业和投资进入农村地区、振兴乡村,提高当地居民的生产和生活水平。

2. 艺术乡建在四川乡村治理中的实践

(1) 四川眉山永丰:"村歌+艺术实训基地"发展模式。

2022 年 6 月 8 日,习近平总书记在眉山市东坡区永丰村视察时强调,成都平原自古有"天府之国"的美称,要严守耕地红线,保护好这片产粮宝地,把粮食生产抓紧抓牢,在新时代打造更高水平的"天府粮仓"。四川音乐学院专家追随习近平总书记脚步,及时深入实地采风,一线感受"天府粮仓"非凡景象,随后创作了永丰乡主题村歌《永远丰收》。2023 年 7 月,四川音乐学院永丰艺术实训基地授牌暨《永远丰收》歌曲捐赠活动在眉山市东坡区太和镇永丰村举行。本次双方合作将为永丰村在新时代打造更高水平的"天府粮仓"示范区核心样板注入新的精神力量。

挖掘当地历史文化彰显艺术乡建主题。四川眉山是"三苏"故里,具有深厚历史人文底蕴。专门融合川西民歌的特色旋律来谱写《永远丰收》,既展现了永丰村这片产粮宝地在新时代打造更高水平"天府粮仓"示范区核心样板的生动情景,又传递了靠勤劳和智慧实现丰收的质朴情感。永丰艺术实训基地是四川音乐学院推动学习贯彻习近平新时代中国特色社会主义思想主题教育走深走实见行见效的举措之一。目前《永远丰收》这首村歌在网上大规模地流传开来,成为眉山永丰村公众形象宣传的有效载体。

---

① 陈炯. 艺术振兴乡村的策略与方法研究 [J]. 中国人民大学学报,2021,35 (2).

以艺术乡建助力乡村治理发展。四川音乐学院努力切实发挥艺术专业优势，整合学校资源，通过创新教育模式，激发永丰艺术实训基地的公共文化场馆育人功能，与地方政府、文化企业一起探索，共建共管共享美育机制。下一步还将围绕当地历史渊源、文化遗产、民间艺术等，开展以"三苏文化"为底蕴、特色的艺术的创作、展演、交流和文化消费。从一首歌、一支舞做起，探索美育共享共建机制，探索艺术赋能乡村建设多种形式，尝试打造中国西南地区艺术助力乡村振兴示范项目，让艺术之美赋能乡村之美，不断满足永丰村老百姓对美和精神文明的需求，助力永丰乡村现代化治理和特色化发展。

（2）新都川音艺谷："大学+乡村"发展模式。

城市近郊乡村在城市化进程中逐渐成为城市社会的附属品，这在一定程度上限制了这些乡村文化生态发展，造成大众对乡村的负面认知，致使城郊乡村成为社会边缘化的一种典型代表。在成都市新都区的川音艺谷的探索和发展对中国众多的城市近郊乡村如何与艺术相结合，实现生态环境、治理结构以及产业形态的三个维度"重塑"，对如何实现一条有特色的综合效益乡村治理发展道路具有典型示范意义。

川音艺谷项目是在四川音乐学院获批国家艺术基金《历史文化名村设计人才培养》课题研究的基础上，聚焦成果深化，助推本土应用，与成都市新都区人民政府联合打造的重点特色乡村振兴项目。川音艺谷坐落于新都区石板滩街道韩娥社区叶家大院，该项目以叶家大院及周边土地资源为核心进行建设，占地近0.22平方千米，涉及农户106户344人。自2019年启动以来，在新都区政府和四川音乐学院的联合创建下，以"大学+乡村"模式为核心，以"艺术点亮乡村"为主题，校、地、企三方联动，通过优化村貌环境，培育人才队伍，孵化文创企业，打造为集艺术创作、艺术教育、展览体验、文创开发、人才培训、观光采摘、休闲垂钓、餐饮度假等多位于一体的"艺术+观光+娱乐+教育"的乡村文旅发展基地。

挖掘当地客家文化资源，重塑乡村整体环境。该项目所在的街道——石板滩街道，是成都东山客家人聚居区域的中心地带，有独特、深厚的历史人文底蕴，在民居建筑、日常生活、民风民俗等方面具有一定客家特色。在对当地民居青荣院子改造中，川音艺谷设计团队注重挖掘当地已有客家文化元素，遵循"结构改造、功能再造、文化塑造、生态营造"原则，对老建筑群进行活化改造，形成了丰富的立体院落空间，创造了崭新的视觉空间形象。目前，各具特色的艺术设计散布在青山绿水间，精心设计的熊猫雕塑也在民居外墙"安了家"，动听的乐曲在街头巷尾流传。经过三年的改造建设，在艺术的浸染下，传统的乡村整体性地完成"艺谷"的蜕变。川音艺谷已建成九个院落，包括雕塑、文创、美术馆的展示展厅等。每个院落都有自己的特色和特定服务对象，并且都有本地村民参与其中。目前到川音艺谷参观、就业人数逐步递增，更多的院子和项目也正在建设、推进之中，其良好发展现状展示四川音乐学院积极参加新时代乡村振兴的成绩。

针对不同主体多元需求，重塑乡村治理机制机构。川音艺谷项目实施过程中遇到涉及院落多、群体多元、需求不一等问题，深入乡村治理难度明显增大。四川音乐学院主动与当地政府协商，改革传统乡村治理模式，以加强党的建设为前提，科学统筹评估多方客观需求，有效整合了各方资源和社会力量，构建了"三级联动+三事分流"的党建引领院落运行管理机制，促进艺术乡建扎根落地。

"三级联动"是指构建出"川音艺谷联合党委+韩娥社区党委+川音艺谷自治委员会"体系。为统筹川音艺谷入驻的艺术家力量，川音艺谷党支部正式成立，该支部是以川音艺谷入驻的艺术家党员为核心建立的功能型党支部。在此基础上，由石板滩街道党工委牵头成立起川音艺谷联合党委，将川音艺谷党支部、韩娥社区党委等纳入成员单位，联合党委的成立切实发挥协调多方资源的作用，连片推进川音艺谷、沸腾烟火场景营建示范廊等项目的建设。此外，由韩娥社区党委牵头，以叶家大院和川音艺谷为单位，成立川音艺谷自治委员会，吸纳韩娥社区股份经济合作联社、叶家大院的党员先锋、居民骨干、艺术家成为自治委员会成员，通过协商议事，凝聚川音艺谷发展的共识。至此，由"川音艺谷联合党委+韩娥社区党委+川音艺谷自治委员会"构建起的"三级联动"体系成功搭建。

"三事分流"则是指由川音艺谷联合党委负责川音艺谷"片区事"，即负责川音艺谷片区的招商、项目推进、公共服务的重大事项；社区党委负责"社区事"，即负责社区治理服务和公益服务；院落自治委员会负责"院落事"，即负责叶家大院内部治理和居民互助公益服务。以此进一步发挥党建引领作用，确保"三级联动"有效运行，实现精准化服务、精细化治理。

加大人才与居民融合互动，重塑当地经济产业形态。四川音乐学院美术学院打造的"后来美术馆"，在村里的百亩荷塘边，这里不仅可以常态化办展，而且还签约了不少初出茅庐的年轻设计师。他们将设计并手工制作的文创作品放到美术馆展示，并在此获得一种销售渠道。打造"喜舍"艺术空间的艺术家专门设置了一个共享画室，针对村里的年轻人开展公益性艺术鉴赏、绘画基础培训、读书会等活动。目前每个艺术院落既是欣赏艺术作品、交流分享学习的空间，同时也是精心打造的艺术民宿。川音艺谷就像一个各类艺术汇聚的调色盘，这也是其成为火爆朋友圈的四川艺术乡村游的原因之一。

当地村民在川音艺谷的建设和发展过程中享受经济、环境等综合效益。"人居环境的变化，是我最深刻的感受。"叶家大院村民叶伦康说，青荣院子曾经是他的祖宅，然而艺术家们把这里环境改变了，生活体验有了很大变化。所有涉及的川音艺谷项目内的那些土地，现在都已经出租出去了，农户每年都可以拿到相应的租金，切实增长了农户家庭的收入。川音艺谷这个项目进展到现在，其带来的变化当地村民都看在了眼里。

川音艺谷建设发展以来获得多项重量级荣誉，其中被四川省教育厅评为"四川省大学生校外实践基地"，被成都市文产办、成都市文广旅局联合评定为"成都市市级文创特色村（社区）"，被中共四川省文化和旅游厅社会组织联合委员会人才工作办公室评为"大中小学艺术人才研学旅行实践基地"，被世界人居（北京）环境科学研究院评为"未来乡村试点项目"，获得过中央电视台新闻频道、中央电视台农业农村频道、中央广电总台和成都日报等多家媒体的专题报道，其显著建设成果和广阔发展前景获得了政府及社会各界认可和好评。2023年5月，成都市文产办、成都市文广旅局召开新闻发布会，正式对外发布《成都市"十四五"世界文创名城建设规划》，其中，四川音乐学院创建项目"川音艺谷"榜上有名，入选成都市"十四五"世界文创名城建设规划八大重点领域项目清单。

3. 艺术乡建给乡村治理带来的启示

艺术乡建要主动参与乡村治理，如同川音艺谷目前的治理架构和机制创新一样，在一个以艺术乡建为主的乡村治理建设中，艺术乡建要取得成功和持续发展，需要当地政府以党建为引领统率，鼓励引导艺术乡建外来主体，如艺术机构、专家群体等通过有效方式参与到当地治理机制中去，打破传统治理模式，必要时推动重塑治理主体和治理框架、治理机制，建立有效高效运行管理新模式，推动艺术乡建行稳致远。

艺术乡建定位要体现特色差异。一个乡村特色艺术项目的成功需要有一个高质量定位策划。这个定位主要依据可能是当地特色地域文化、历史人物、民风民俗以及文化遗产等，也可能是原创的策划设计、影视移植出来的文化创意、其他艺术作品的 IP 等。总之要从全省、全国乃至全球视域审视、评估项目的独特性、差异性，创造有创意、有价值的艺术乡村产品，在大数据的信息化发展背景下，可以拥有超越常规地域的全国性、全球性消费者市场。

艺术乡建项目要具有"造血"功能。艺术乡建项目如果仅靠政府补贴、短期投入是难以持续健康发展。因此，艺术乡建项目前期论证市场需求非常关键和重要，必须平衡好艺术社会效益与市场价值经济效益之间关系，厘清界定好艺术机构、运作企业之间的关系，乡村艺术"商业化"是必要的，这才能真正实现长期高质量发展。

艺术乡建效应要满足多元需求。从政府视角看，艺术乡建应带来产业振兴、经济繁荣和文化发展；从村民视角看，艺术乡建应带来经济收入增加、环境变美；从企业视角看，艺术乡建项目不是政绩工程，不能只有投入没有产出，应有客观的经济效益，三重维度的需求应在一个科学合理乡建项目上都有体现。艺术乡建项目可能性方案评估需要获得当地居民、辖区政府、艺术机构和商业机构四者的高度共识和一致认可，才有成功可能。

四、四川省乡村治理改革的举措

党的十九大首次提出推进乡村振兴战略，并将治理有效作为乡村振兴的五大内容之一。为加快推动乡村治理工作，2019年中共中央、国务院印发《关于加强和改进乡村治理的指导意见》，强调党对乡村治理的集中统一领导，着力提升建设治理体系和治理能力。党的十九届四中全会召开，提出构建基层社会治理新格局，强调要在党组织的统一领导下实现自治、法治、德治相结合。

为贯彻落实中央相关文件精神，四川省委、省政府先后颁布了多个推进乡村治理发展的相关文件。《关于进一步加强和完善城乡社区治理的实施意见》的颁布，紧密围绕四川的现实情况，详细部署了四川省城乡社区治理工作计划，是进一步推进四川省城乡社区治理的重要文件。2019年《推进城乡基层治理制度创新和能力建设的决定》的颁布，明晰了四川省城乡基层治理需要把握的指导思想、基本原则和分阶段推进的目标任务。2021年颁布《四川省"十四五"推进农业农村现代化规划》，用专章规划了全省乡村治理工作计划，提出要提高治理能力和效率，建设充满活力、和谐有序、治理有效的乡村。2023年颁布的《四川省乡村建设行动实施方案》，明确部署了多主体多层面健全乡村治理体系的工作。

（一）强化党建引领

四川省明确提出，要在城乡基层治理中以基层党建为引领，推动将党的政治优势、组织优势、群众优势转化为治理效能。特别强调在城乡基层治理中，强化党建引领一定要旗帜鲜明、理直气壮，不能含糊、不能动摇。

一是在改革推进中坚持和加强党的全面领导。省委统揽全局、协调各方，做好顶层设计，牢牢把握改革正确方向；成立省委城乡基层治理委员会，省委组织部部长担任主任，履行牵头统筹、组织协调、督导落实等职责；各市（州）、县（市、区）及相关部门分工负责，党委（党组）"一把手"牵头挂帅，推动改革举措落实。

二是畅通国家与社会互动的村级通道。全面推行村党组织书记通过法定程序担任村民委员会主任、实行"一肩挑"，鼓励村"两委"班子成员交叉任职；明确村务监督委员会主任提名一般应当是党员，可以由非村民委员会成员的村党组织班子成员兼任，村民委员会成员、村民代表中党员应当占一定比例；推行村党组织书记通过法定程序担任村级集体经济组织负责人，村党组织提名推荐集体经济组织管理层负责人。

（二）多主体协同治理

一是夯实党委和政府引领和服务的基础。党的基层组织是党在农村工作和战斗力的基础，全面领导乡镇、村的各种组织与各项工作。四川省深入实施乡村振兴战略，要求农村党组织突出基层党组织的政治功能，加强以基层党组织为核心的乡村组织建设，提升基层组织实力，不断创新治理体系，奠定乡村振兴的政治基础和组织基础。围绕村党组织承担的职责特别是乡村治理职责，重点建立和完善以基层党组织为领导、村民自治组织和村务监督组织为基础、集体经济组织和农民合作组织为纽带、其他经济社会组织为补充的村级组织体系。通过落实村党组织书记和村委会主任"一肩挑"、村"两委"班子成员交叉任职、村党组织负责人通过法定程序担任村级集体经济组织和合作经济组织负责人、村党组织研究讨论村级重大事项等方式，探索村党组织领导农村事务的实现形式，加强村党组织对农村工作的全面领导。四川省在进行乡村治理改革中制定了科学合理的政策体系和制度框架，强化和促进了公共服务，加强了农村基层党组织政治领导力、经济引导力、服务向心力。通过选择乡村优势资源发展主导产业，加快乡村贫困人口脱贫致富。培育发展了乡村社会组织，实施精细化社会治理，建设平安乡村，开展乡村公民道德建设活动，打造乡村共同体。以基础设施建设和公共服务供给为引领，加强了农村人居环境综合整治，促进生态文明、物质文明、精神文明协同发展。

二是吸收新乡贤、社会组织等社会力量参与治理。四川省健全以党建引领的乡村治理机制，大力拓宽参与乡村治理的渠道和方式，引导新乡贤群体和社会组织积极融入和参与乡村治理，不断强化用勤劳双手把家园建设得更加美丽的主人翁意识和家园意识。以"道德评议会""红白理事会"为载体，通过创新方式方法，增强活动吸引力，用人民群众喜闻乐见的措施，聚焦群众关心关切的重点问题，在最大限度内发动群体参与到基层治理的队伍中来，让群众在乡村治理中收获成就感和归属感，集聚推动乡村治理现代化的新优势，为乡村治理培育积蓄力量。通过持续激发新乡贤和社会组织干事创业、为民服务的内生动力，使他们从旁观者转化为参与者、实践者、志愿者，让乐于奉献的种子播撒到乡村治理的每个角落，让模范作用在群众身边持续彰显。

三是提升村干部的能力。村干部作为乡村治理的"主力军"处于农村工作的最前沿阵地，村干部的工作能力会对干群关系和各项惠民政策的有效落实起到重要影响。因此四川省在弥补业务不强、破解经验不够等方面精准发力，采取了一系列措施。首先是加强村干部培训，围绕乡村振兴、乡村治理等重点内容定期开展培训，采取分类培训、交流实训等方式确保培训效果能得到充分发挥。其次是健全监督管理机制，规范考核评议标准，把职责明确到岗，责任落实到人，通过积分考核的方式激发村干部工作热情，营造浓厚争优创先氛围，调动全体干部争创一流的信心。最后是完善后备干部培养，鼓励村党组织积极吸纳新鲜血液，有条件的年轻人作为后备力量进行培养。同时也在人才留用上下功夫，鼓励优秀大学毕业生到农村工作，积极营造人尽其才、才尽其用的人才生态，让年轻人愿意来、不想走，改善乡村人才结构性短缺难题。

四是调动群众参与乡村治理的积极性。四川省通过完善党组织领导的村民自治机制，建立"党支部＋党小组＋党员中心户"的核心治理体系，将乡贤理事会、红白理事会、志愿服务队等整合为村民自治小组，引导党员、乡贤能人、普通群众等因人制宜加入不同小组，实现各类自治组织的全覆盖。通过创办"爱心超市"并建立爱心积分评价机制，村民通过参与移风易俗、矛盾调处、治安巡逻、文明创建等村庄管理工作获得积分奖励，积分可以兑换日常生活物品，激励村民积极参与村庄日常管理工作。进一步完善了网格化管理，明确细化各级网格长和网格员的职责和任务，引导干部、党员、群众和社会力量等积极主动参与乡村治理，形成了共建共治共享的格局，构建起上下贯通、运转高效的乡村治理组织体系。

（三）壮大集体经济

1. 四川省集体经济的发展现状

自四川省 2017 年启动全面改革以来，各市（州）相继都进行了农村集体产权制度改革，其中国家试点县（市、区）83 个、省级试点县（市、区）130 个。按照中央关于农村集体产权制度改革的统筹部署，四川省稳步启动清产核资、界定成员、量化股份和组建农村（股份）经济合作社等基础性改革工作，2021 年底农村集体产权制度改革基本完成。四川省通过集体产权制度改革不但对农村进行了清产核资，而且有效完成了集体成员对集体资产的占有权和收益权，为发展壮大集体经济和促进农民农村共同富裕提供了有力的保障。

（1）基本完成集体资产清产核资。

针对农村集体经济"产权虚置"的现实状况，四川省从确定集体产权主体入手，以闲置的集体资产资源为关键点，采用科学有效的方法，全面推进农村集体产权制度改革。经过四年多的全力改革，截至 2022 年 6 月底，四川省所有村都建立起了农村集体经济组织，50401 个农村集体经济组织成功完成组织登记赋码发证，并取得特别法人资格，努力实现村级集体经济组织全覆盖。除此之外四川省每年进行核查资产，进一步明确将资产所有权下放至各级农村集体经济组织，并将它们纳入全国农村集体资产监督管理平台，完成了资产的信息化管理。截至 2021 年底，四川省核清了全省农村集体资产的产权情况，查实农村集体资产总额为 2397.8 亿元，其中经营性资产 448 亿元，非经营性资产 1949.8 亿元，集体土地约为 320683 平方千米。

（2）有序开展集体资产股份化改造。

四川省在明晰集体资产所有权的基础上，进行了确权隶属、落实股份量化等工作，将集体统一管理的农村资产量化落实到家庭与个人，将资源和资金逐渐转换为股份与资产，农民逐渐转换为股东。截至 2021 年底，四川省累计已确认集体成员达 6916 万人次，集体资产以股份量化 1189.9 亿元，发放股份证书 516 万本，97.5％的村集体形成了"量化到人、确权到户、户内共享、长期不变"的股权静态管理模式，为下一步盘活利用集体资产和发展壮大集体经济筑牢了根基。

（3）颁布地方性集体经济法规。

四川省稳步推动集体经济组织法治建设，创新探索建立确保集体经济良好发展的法律机制。四川省 2021 年 10 月以《四川省农村集体资产管理办法》为基础，颁布了第一部地方性农村集体经济法规《四川省农村集体经济组织条例》，为我国集体经济有关法规的建立做出了探索。条例不只确定了每个集体成员的权利，还要求集体经济组织按照规定完善资产管理制度、健全的财务会计与档案制度，在进一步明确集体资产产权主体与权能边界的基础上，为集体经济组织公平参与市场竞争、提高运营质量和效率、壮大集体经济、推动资产保值增值提供了有力的法律保障。

（4）初步形成集体经济多元发展模式。

随着集体经济产权不断明晰，四川省积极支持多种要素和集体经济深度融合。四川省委、省政府在2023年四川省委一号文件中提出，巩固和深化农村集体产权制度改革，规范农村集体经济组织运行管理，做大做强新型农村集体经济。四川各市（州）对集体经济发展模式都进行了探索，逐步形成了土地统一经营型、集体产权经营型、提供劳务服务型、龙头企业带动型、合作组织带动型、政策扶持带动型等多元化经营模式。例如彭州市龙门山镇宝山村农村集体经济组织借助丰富自然资源，实行集体自主经营或对外合作等形式，依托开发利用集体所有土地资源和水利、矿产、森林等自然资源，大力发展工业、农业与旅游业，落实工资、奖金、剩余价值工资、工龄折资分红、按能力限额分红、按风险共担分红、按福利份额分红七种分配方式，95%的村民收入源自集体经济，实现了全体村民共享集体经济发展的成果，创新地形成了基于资源开发利用的集体经济发展的宝山经验。

（5）建立多层次集体经济激励约束机制。

四川省积极采用多种举措，完善集体经济多层次约束与激励机制，积极引导集体经济稳中提质发展，盘活了部分闲置农业资产。在省级层面，四川将发展集体经济作为各市（州）党政领导班子推进乡村振兴战略实绩考核的重点内容，以调动地方发展壮大集体经济、推动共同富裕的积极性。在地方层面，四川省部分市（区、县）率先发挥农业经理人的示范带头作用。例如，广汉市2021年6月率先在9个村选聘了首批村级集体经济职业经理人，帮助村集体组建农村社会化服务组织，助力增加农民收入。在村集体层面，四川省始终充分发挥农村基层党组织的领导核心作用，实行村支书、村主任兼任集体经济理事长的"三责一肩挑"机制，创新探索村级集体经济收益分配和群众治理积分、发展公益事业、建设村干部队伍三个版块相挂钩模式，统筹管理村集体经济组织运营管理集体资产行为，建立更加稳定有效的利益联结机制。

（6）探索开展合并村集体经济融合发展。

以"乡村治理改革"为发展机遇，四川省2021年在1292个村进行试点探索合并村集体经济融合发展。截至2021年底，四川省试点村集体经济总收入达到2.11亿元，较合并前的2019年增长225.7%，盘活闲置资产率达87.6%。以遂宁市船山区为例，为盘活闲置资产，缓解产业单一的问题，桂花镇金井村村集体利用闲置的小学通过改造、加固，将小学改造成为现代化的矿泉水厂。在此基础上，村集体进一步引进赫溪农夫矿泉水企业，壮大了集体经济。2021年遂宁市船山区共盘活设计改革的乡镇闲置公有资产91处，约2.913万平方米，盘活率达100%。

（四）顺向调整优化乡镇区划和公共资源

顺应城市化、工业化和人口流动化的趋势，乡村治理改革需要重点对人口"出去"的乡村进行"调乡、合村、并组"。

一是坚持区划建制调整顺应"人往高处走"的客观规律，县城周边的往县城并，集镇边的往集镇并，交通闭塞的往交通便捷的并，经济弱的往经济强的并，生活条件恶劣的山上、山沟里往生活条件好的山下、山沟外并，公共服务配套差的往公共服务好的并，促进资源要素优化配置。

二是坚持经济社会发展顺应产业规模化、城镇化规律，把一批地缘相近、产业相同、优势互补的镇村进行调整，推动产业集中连片发展，着力解决发展空间不足、低水平同质化等问题。

三是坚持基本公共服务顺应片区化、信息化、便民化发展趋势，跨区域优化布局教育、卫生、养老等资源，着力破解基层公共服务投入不足与闲置浪费并存问题；推进行政审批信息化建设，适度保留被撤乡镇工作力量、探索完善民事代办机制，切实提升基层服务效能和群众满意度。

（五）循序渐进因地制宜推动建制调整

乡村治理改革调整涉及范围广、触及利益多，稍有不慎就会触雷，在具体实施过程中，改革循序渐进、因地制宜，确保改革稳中求进。

一是在总体思路上，调整改革贯彻新发展理念和乡村振兴战略，坚持以民为本、尊重民意，实事求是、因地制宜，依法依规、稳妥慎重，确立顺向优化、分类实施、试点先行、梯次推进的基本原则。四川省委形成初步改革方案后，选择代表不同类区的市县先行先试，验证政策、发现问题、积累经验，在总结试点经验、解决突出问题的基础上，再向全省推开。

二是在目标设定上，考虑"胡焕庸线"东西两侧地理特征，四川省按照全省对标全国、平原对标东部、丘陵对标中部、山区对标西部的镇村设置规模，分类确定指导标准，科学论证镇村减少预期目标。

三是在任务设置上，坚持宜调则调、宜并则并，不搞"一刀切"，向市、县下达差异性调减指导数，并赋予更多统筹调配权限，对地广人稀高原地区未做具体要求，民族乡原则上不做调整。

四是在配套政策上，村级建制调整明确农民享受的政策不变、农村各类权属关系不变、农业经济利益关系不变"三不变"。改革只调整建制不撤并村庄、不拆迁农房，保持村庄原有形态，保障群众生产生活不受影响。

（六）依法依规审慎推进

乡村治理改革坚持依法依规，审慎稳妥推进。严格履行专家论证、风险评估、征求公众意见等重大行政决策程序，妥善处理资产移交和历史遗留问题，确保改革依法合规。

把握实施节奏，通过先行试点，验证完善省级层面政策体系，为全省面上改革积累经验。充分考虑新冠疫情防控和第七次全国人口普查等因素，分批次推进改革，坚持"一慢一快"，前期用1年时间充分调研，方案确定后3个月全部实施完成。

充分尊重民意，从谋划到实施都广泛征求社会意见，针对性做好干部、群众、商户、乡贤等重点群体的宣传释疑工作，切实保障人民群众知情权、参与权和监督权。

强化风险防控，建立健全风险评估、舆情应对、应急处置等机制，对个别信访问题采取"面对面"方式沟通解决，把握宣传的时度效，最大限度凝聚正能量。

五、四川省乡村治理改革的基本成效与意义

（一）乡村治理改革的基本成效

四川省自古为我国的农业大省，围绕农业发展，形成了基于血缘、亲缘关系的，以"不流动"为基本特征的乡村治理秩序，这些秩序至今仍在四川省的乡村治理中发挥重要影响。近年来，随着经济社会快速变迁，四川省成为我国主要的外出务工劳动力输出地，四川省的乡村快速进入人口流动的社会形态，以"流动"为特征的乡村社会形态为乡村治理带来了新的、具体的挑战。在上述背景下，四川省各地各级政府认真贯彻落实中央和省委、省政府关于推进乡

村振兴及治理体系和治理能力现代化建设的决策部署，四川省以"党建引领下的自治"为破题路径，探索了以基层党组织为核心，村（居）民委员会为主体，基层群众和社会各界共同参与的基层治理模式，通过搭建平台、理顺关系、建强队伍和培育治理主体等方式，大力探索创新，不断夯实基层基础，并取得了明显的效果。

1. 强化党建引领，促进组织建设新旧动能转变

（1）抓牢支部核心，"三委"联动建强组织。

为夯实党支部核心堡垒作用，四川各地围绕乡村治理如何建强组织体系，在村两委之外，探索设立"村监督委员会"的有效机制，并在村（社）党支部、村（居）委会以及村（社）监督委员会三委联动机制上做出有益探索。村（社区）党支部是核心领导，全面领导村（社）各项事务；村（居）委会为执行与自治组织，全面组织自治组织的各项公共事务与活动；村（社）监督委员会是监督组织，对前述两委的决策决议执行监督、村党务公开、财务公开、重大事项监督等日常监督工作。村三委基本实现了三同步，即同步选举、同步培训与同步考核。安岳县就总结推广了村（居）务监督123456工作法，取得较好的成效。

（2）建强基层阵地，夯实传统组织动能。

以提升基层党组织组织力为重点，突出政治功能。四川各地以村（社）综合服务中心为阵地，全覆盖开展基层党标准化建设，通过常态化开展三会一课、主题党日活动、党群集中活动日、农民夜校等活动，全面加强党员教育培训，激活党员队伍，以阵地建设和系列活动的开展，夯实传统工作中的组织动能。成都市积极推进党群服务中心阵地"三去一改"，通过"去行政化、去办公化、去形式化和亲民化改造"打通党群服务中心和群众之间"最后一百米"，建强基层阵地，夯实基层组织动能。

（3）灵活组织设置，延展组织治理权能。

各县（市、区）着力加强和改进党的领导，努力构建基层服务型党组织建设的方向，积极探索打破行政区划界线和村（社区）组织管辖边界，努力构建区域型、行业型和产业型的党组织，较好地发挥了党组织的领导核心作用。四川各地创新实践以飞地党支部、联合党支部等方式，将党组织的基层组织整合，实现对村际之间的治理资源有效整合。例如，雅安市洪雅县，在将军乡、花溪镇等3个乡镇的特色村分别成立3个联合党委，涵盖5个村2个社区1个单位。广安市前锋区采取"支部围绕产业建，产业围绕新村转，围绕产村抓党

建"的"三围绕"模式，以岳庙村等中心村为依托，建立 1 个中心村党总支、10 个产业（合作社）基地党支部、30 个产业党小组，有效推动了新村建设、产业发展、村民增收。雅安市雨城区探索经济发达村与发展滞后村之间的飞地联合党组织，在合江镇成立魏家、塘坝两村的"魏家塘坝联合总支部委员会"，寻找到了依靠党组织建设，展现了村际治理资源整合平台的破题思路，延展了组织的治理权能。

（4）成立流动党组织，聚焦人口流动治理。

四川省是外出务工大省，乡村的流出劳动力是乡村治理十分重要且不能忽视的群体。四川省各地以建立流动党组织的方式，建立起外出务工者与家乡乡村之间的组织连接。在部分县市，流动党支部发挥了外出务工组织与家乡党委政府之间的连接功能，家乡党委政府通过流动党支部，开展府际互动活动，为外出务工组织供给必要的保障。例如，安岳县组建了县流动党工委，研究制发《在流动党员集中地建立党组织的通知》，要求以乡镇为单位，依托在外商会、行业协会、在外人士新办的企业或经济实体建立党支部，近年来先后建立了 32 个流动党组织。荣县以乡镇为单位，针对全县 3433 名外出务工的流动党员，建立了 10 个流动党支部，协助外出务工组织协调务工地的纠纷事务等。

（5）开展智慧党建，着眼未来激活效能。

充分运用现代科学技术，将现代科学技术运用到党建工作中，立足组织工作适应经济社会发展，不断提升工作效能。例如，眉山市洪雅县实施智慧党建工程，自贡市荣县智慧党建客户端开发等，推动基层党建上电脑、上手机、上电视，提升党员教育信息化水平，以依托现代科学技术开展党建活动，着眼未来，激活组织建设的现代化动能。

2. 激活自治能力，促进基层组织内生活力生长

乡村自治主要回答如何使得村（居）民有序参与到本地治理当中，如何激活乡村社会，如何令社会活力更充沛、基层政权更稳固的路径问题，这就涉及民主选举、村务公开、村务监督，并以《中华人民共和国村民委员会组织法》和《中华人民共和国居民委员会组织法》等法律法规为前提。

（1）依法直选，夯实乡村治理底部基础。

实行民主选举，是民主决策、民主管理、民主监督的前提，是村民自治活动的最重要环节和底部基础。坚持依法直选，是促进基层社会稳定，基层自治活力有序的重要保障，四川省民政厅始终坚持将依法直选作为乡村自治的重要工作。首先是加强领导、明确责任。督促各市州发文，明确换届选举的指导思

想、方法步骤和注意问题，确定县（市）、乡（镇）两级党委书记为第一责任人，为换届选举工作提供了坚强的组织保证。其次是强化指导、严格把关。在换届选举中，成立专门工作组，深入基层调查了解情况，指导各乡镇工作，制定相关应急预案。再次是市、县、乡、村逐级对选举工作人员进行分阶段培训，不断提高选举人员的素质。最后是规范运作，选好村（居）委班子。严格按照《中华人民共和国村民委员会组织法》的规定，采取公开、公正、平等、竞争、直接、差额、演讲、无记名秘密投票的方式进行选举。在换届选举中，全部实现了村党组织书记、村委会主任"一肩挑"。四川省新一届村党组织书记平均年龄下降约3.9岁，大专及以上文化程度占比及党员比例有一定提高，村委会中妇女当选率提升10%以上，新一届村（居）委会班子结构优化，既向基层注入了新鲜血液，又保持了村（社区）干部队伍的基本稳定和村（居）委会工作的连续性。

（2）多措并举，探寻乡村社会参与内生动力。

乡村百姓参与活力不足，是乡村治理的痛点，究其根本，是百姓的参与动力不足，参与渠道缺乏。调查发现，四川省各地正在自下而上采取多重举措实践，创新激活乡村社会参与动力。①完善议事制度，搭建村级自治民主协商平台。成都市在开展村级党组织和自治组织换届选举中，探索完善了村民大会对村民议事会的授权，从法理上明确了村民议事会被授权为村级事务的议事决策组织，村委会的职责得到规范和限制，使村民自治的决策权、执行权、监督权相互分离又相互协调，规范了各治理参与主体的职能定位。②打通"互联网+"，形成线上线下双重参与通道。大部分村（社区）创新探索"互联网+"方式，探索居民线上互动、线上参与村公共事务，如通过微信公众号、微信群、QQ群等互联网信息传播交流方式，进一步促进了村级事务的全面公开，有效破解了公开内容不完整、公开时间不及时、公开形式单一等问题，切实保障了村（居）民的知情权、参与权、表达权和监督权。③探索积分制度，形成个体与公共的事务关联。眉山市青神县在试点村（社）探索积分制管理试点，分成社会治安类、公益美德类、村内建设类、奖励惩罚类四大类来累计积分，积分可相应的兑换各种服务和物质奖励、享受有关政策，通过积分制度搭建个体与公共在村务事务上的密切关联。④探索企社共建，形成个体与公共的利益关联。如乐山市沙湾区开展"百企帮百村"工作。组织41家工业企业帮助30个市列贫困村发展集体经济，投入资金2500万元以上，建设集体经济项目28个，现已经建成18个，并依托村企共建项目拓宽就业渠道。通过企社共建，将个体发展与公共治理关联起来，架起了个体与公共之间的利益关联桥梁。

⑤推进"三社联动",以制度建设倒逼"三社"均衡发展。"三社联动"是创新社会治理方式和提升社会治理能力的重要手段,是创新社区治理与服务的具体实践。然而,"三社联动"同当地经济社会发展水平密切相关,四川省大多数地市州的现实情况,尚只能支持"三社联动"处于初级阶段。而四川省在全省范围内推动"三社联动",建立起一整套同三社联通的制度安排,以制度建设倒逼"三社"均衡联动,协调发展。

(3) 空间营造,打造乡村社会参与公共空间。

乡村自治活力不足,很大程度上是由公共空间缺乏引起的。四川省各地正积极开展农村社区建设工作,通过将乡村社区党群服务中心打造成为社区居民的社会参与活动阵地,提供村民公共活动空间。成都市正大力推进社区党群服务中心去行政化、去形式化、去办公化和改进服务的"三去一改"工作,致力于把社区党群服务中心打造成为社区居民"易进入、可参与、能共享"的社区公共空间。乐山市农村社区建设工作按照"一个阵地六个中心"的思路(即"两委"活动阵地和教育培训中心、便民服务中心、文化体育中心、卫生计生中心、综治调解中心、农家购物中心),积极拓展农村社区服务功能,初步形成了以综合服务设施为主体、专项服务设施为配套、服务站点为补充的农村社区服务设施网络,为村民提供安全、方便、快捷的生产生活服务。

(4) 聚焦经济,扩充村级组织社会治理资本。

不同于城市社区治理,经济发展是乡村治理的重要基础。没有个体的经济发展,就没有乡村居民的安居乐业,也就很难实现乡村的治理有序;没有乡村集体经济的发展,乡村自治中的公共事务与公共服务便难以为继。因此,聚焦乡村经济发展,特别是乡村集体经济的发展,是激发乡村自治内生动力,扩充村级组织的社会治理资本的重要路径。尽管四川省在乡村发展与集体经济建设方面发展整体较弱,但依然有部分成功案例。成都等地正在探索推进村级组织社会职能与经济职能相分离,通过确权颁证、组建合作社或成立集体股份公司等手段,实现了村集体经济组织逐步从自治组织中剥离,独立开展经济资产的经营、管理、服务,并以此壮大社区治理的社会资本。郫都区战旗村组建集体资产公司,对集体资产进行股份量化(有村民自主商议入市和收入分配两种方式),成为通过壮大集体经济和提升村民社会保障水平以支持社区治理的典型。眉山市洪雅县依托项目建设,倒逼乡村治理。依托七里坪、柳江古镇、瓦屋山旅游综合开发森林康养基地、大峨眉西环线、农业园区等重大项目建设,涉及项目区拆迁安置、资源重新分配、生产生活方式转变等方面,通过制定安置方案和后续发展政策,建立完善财务管理等制度,集中管理安置区,探索村集体资产经营管理，全面促进了"自治、法治、德治"相结合，进一步规范乡村治理体系。同时，各地村社广泛开展依托专合组织，引领产业发展。到2020年底，四川省农民合作社已达10.79万个，平均每个村有2个以上。通过专合组织桥梁和纽带作用，采取"公司＋专合组织（协会）＋农户""公私合营""入股分红"等模式，破解土地和资金等发展难题，带动特色果蔬种植、观光体验、民宿经济发展。

（5）强化监督，完善村务公开监督保障机制。

首先是全面强化村务监督机制。如前所述，四川省在村级层面正在实现建立村（居）务监督委员会全覆盖，在村（社区）党组织领导下、在乡镇（街道）指导下开展工作，独立行使监督权，接受群众监督。村（居）务监督委员会成员通过列席村（居）民代表会议、村"两委"会议、参与现场监督等方式认真开展财务收支、集体资产管理、重点项目建设等方面的监督，这对于完善村（居）民权益保障、拓展村（居）民参与自治管理、规范村（居）干部用权行为、密切党群干群关系发挥了积极作用，促进了社会和谐稳定。其次是全面规范村（居）务公开机制。按照《四川省村务公开条例》的规定和要求，各地纷纷出台加强村务公开工作的系列文件通知和操作规范，督促和指导各区县、乡镇、办事处指导各村（社区）进一步建立健全公开制度、民主决策制度和民主管理制度。部分市州、区县民政局会同组织部，结合党的十九大、二十大精神和省、市、区对党务、村（居）务公开的要求，统一设计制作了涵盖党务、村（居）务等内容的党建墙，分批次制作上墙使用。部分地市制定《村（居）民委员会班子绩效考核实施细则（试行）》，将该项工作纳入对村（居）委会班子绩效考核实施细则，采取听、看、访、谈等形式，重点对村（居）务公开事项、时间、程序等内容进行督查，年终进行考核，与年终绩效挂钩。

3. 探索"三治"共生，夯实乡村多元共治融合基础

（1）以法治宣传为突破，增强农民法治意识。

农民是知法、用法、守法的重要主体之一，农民法律意识与法律思维的建设是农村法治建设的重点与难点。近年来，在中央一号文件的指导下，农村法治建设逐步推进，并取得了一定的成效。随着《中华人民共和国农业法》的修订，农、林、牧、副、渔等各项生产活动实现了有法可依。四川省在乡村依法治理方面取得一定成效。通过开展依法治村（社）示范创建活动，深入推进村民自治。创建过程中，民政厅指导各地市民政局与组织部、司法局等相关部门分工合作，组织部指导组织建设，民政局指导民主建设和村民公约，司法局指

导法治建设。通过开展创建省级法治示范社区（村），以点带面推进四川省全面依法治村（社）水平。发挥道德法治宣讲团作用，进乡村有针对性地实施菜单式普法，提升村（社）干部、群众的法律意识和法治观念，广大村民学法、懂法、守法、用法的氛围进一步提高，为开展乡村治理法治建设提供了一定的群众基础。

（2）以扫黑除恶为契机，净化乡村法治环境。

以扫黑除恶专项工作为契机，四川省各地成立了专门工作机构（扫黑办），制定了专项工作方案，在省、市、县、乡镇、村社五级形成了纵到底、横到边的信息（线索）发现、收集、上报通道。结合维稳应急工作预案，对农村社区矫正人员，通过定期敲打教育、分类管控、贴靠跟踪等管控措施，预防和减少了重新违法犯罪。通过"大调解"工作体系，畅通群众诉求表达渠道，常态排查化解矛盾纠纷；通过网格化治理体系，降低乡村社会稳定风险，基本做到了"小事不出网格、中事不出网站、大事不出中心"的目标。

（3）以核心价值为载体，增强农民德治能力。

村规民约及其作用发挥状况，是乡村德治的重要体现。2021年结合第十一届村（居）委会换届选举，四川省统一部署，积极指导各地结合各村（社）社会公共道德、民俗风俗、精神文明建设内容，坚持以人民为主体，因地制宜、与时俱进，大力开展规范完善村规民约工作，进一步修改完善了全省各村村规民约，使之更具针对性和操作性，基本实现了在村显要位置立牌公示。通过对村规民约的完善和落实，以前随处乱丢的病死家畜，村民在婚丧嫁娶及随礼中碍于面子的相互攀比、借债撑脸面等现象没有了。环境治理、随礼限额、丧事简办等原则写进村规民约后，很快得到了大家的认同。村规民约在加快基层民主法治建设，化解矛盾，在引导村民实现自我管理、自我教育、自我服务、自我监督等方面发挥了一定的作用。

（二）乡村治理改革的意义

如前所述，调整政府与社会的互动，形成多元主体共治格局，是乡村治理的基础性工作。推进乡村治理体系和治理能力现代化需要对乡村治理的基础进行重构。但如何进行重构，四川省的乡村治理改革提供了一定经验借鉴。从国家治理体系现代化视角来看，乡村治理改革的意义体现在三个方面。

一是调整了集权简约治理的行政基础。乡村治理改革通过调整乡镇行政区划，推进了乡镇行政资源向行政村下沉，提升了乡镇干部对村庄信息的掌握程度，其结果是改变了以"村庄"为单位的治理单元。乡镇政府"压力下沉"的行为逻辑逐渐改变，集权简约治理的行政基础动摇，乡村治理体系现代化的政策维度得以实现。通过调整村级建制，党建赋能村两委班子，村民自治组织的工作积极性和规范性显著提升，防止了基层政权的"内卷化"。

二是增进了政府与社会的互动。乡村治理改革通过调整乡镇行政区划和村级建制，重塑了政府与社会互动的组织链条和经济链条。县级政府由"政策中转"变为"主动谋划"，乡镇政府由"压力下沉"变为"主动服务"，村两委班子工作能力提升，这些都使得政府与社会的互动更加顺畅、更加频繁、更加有效。

三是激活了乡村治理多元主体。通过乡村治理改革，乡镇干部看到了职业发展的美好前景，村组干部待遇显著提高，从"维持会长"变为"积极分子"，村民出于对故土的热爱和农业经营效益提升的考虑主动返乡创业，乡村治理三大主体积极性显著提高，共同携手推进乡村治理现代化。

第四章　四川省乡村治理机制的多维度优化

一、乡村治理主体的优化

乡村治理体系和治理能力现代化，需要党领导下的多元主体积极参与，实现共建、共治、共享。国家（县级政府、乡镇政府）、乡村组织（村民委员会、村集体经济组织等）、村民是乡村治理的三大主体。随着工业化和城镇化的快速发展，农民的农业生产收入远远低于进城务工收入，农村青壮年外出打工成为主流，户籍地与常驻地分离，留守农村的多是妇女、儿童、老人，农村青壮年参与乡村治理、促进乡村发展的积极性不高，而留守人员的参与能力又不足。经过农村税费改革，村两委和村民小组的角色由乡村资源汲取者变成国家资源分配者，更多承担的是落实国家政策、分配财政资源等工作，对乡村发展特别是可持续发展的关注度不高，更关注信访、维稳等具有业绩压力的工作。这种情况下，国家被动地唱着"独角戏"。

如何将"独角戏"变成"大合唱"？乡镇和建制村是国家与社会发生复杂互动的具体场域，从四川省乡村治理改革实践既可以观察政府主导的乡村治理纵向整合机制运行及其演进，又可以观察党委领导下多元主体参与的横向协同机制运作及其变化。通过现场访谈和文献整理获得的资料，可以看出乡村治理改革像投入水中的一块石头，激活了乡村治理的"一池春水"，产生了巨大的联动效应，吸引着乡村治理主体参与到乡村治理中来。

（一）乡镇干部职业认同感增强

乡村治理改革中，各地在整合优化乡镇编制资源的同时，下沉行政编制285名、事业编制13974名。乡村治理改革后，乡镇平均行政编制达30.4名、事业编制25.5名，分别比改革前增加10名和12名，乡镇工作力量得到了进一步整合加强。

合并过后乡镇数量减少了，但工作积极性得到了极大提升，通过赋权（下放权力）、增设事业单位（设副科级领导干部），乡镇干部都感觉更有干头、更有奔头了。同时，乡干部的年龄结构、学历结构也得到了优化，平均年龄由（改革）之前的47岁变成现在的40岁，大专以上学历占比由（之前）12.5%变成现在的63.4%。（资料编号：20210316-ZZ-ZZB1）

调研中发现，尽管撤并了较多的乡镇，干部职工面临工作及生活上的不便，以及工作环境变化、任务繁重等困难，但干部们普遍能够克服，绝大多数干部在工作中能够主动担当作为、尽心尽力。90.7%的干部对乡镇机构改革表示满意，86.7%的干部对有关配套政策表示满意，98.6%的事业干部对1个事业机构主要负责人按副科级配备的政策表示肯定。88.3%的乡镇干部认为改革后，乡镇机构职能体系得到优化，93.6%的干部认为工作力量得到增强。编制下沉、权力下放、增设事业单位（设副科级领导干部）等措施，调动了乡镇干部工作积极性。

乡镇干部定期走访群众，主动跟群众取得联系，干群关系和谐稳定。这种做法创设了国家与社会互动的具体情境，能联系掌握群众的具体情况，集权简约治理的信息基础松动，乡村治理现代化的目标更进一步。

我们实行干部联系群众制，一个干部联系几户老百姓，每名干部定期不定期到老百姓家走访，村民有什么问题可以直接跟我们或者村干部反映，村民和政府的关系总体和谐。当然，也存在个别村民因为某些利益没有得到满足，而对整个政府都有意见的情况。（资料编号：20210310-WS-XGB1）

乡镇干部积极配合村干部的工作。当群众越过村干部直接找到乡镇干部解决实际问题时，乡镇干部虽然还是建议群众回村处理，但并不会像过去那样事不关己，而是要进行程序性的告知。劝说群众回村办理的动机是希望维护村干部或者村两委班子的组织管理地位，表达对村干部工作的支持。

一般群众很多事项从村级办理，遇到逢场就到镇上来办，我们一次性告知。也有些越过村干部直接找镇政府，但是该怎么办还怎么办，不能不把村干部不当干部。群众办事目的都不一样，镇上还需要核实，村里要了解。（资料编号：20210311-WS-ZGB2）

（二）村组干部示范带头作用提升

改革前村组的管辖范围小，已有村干部年龄普遍偏大、文化程度普遍不高，因为村组干部收入较低，对青壮年的村民没有吸引力，对农村有知识、有文化、有想法的村民吸引力更低，村组干部"选人难"的问题一年比一年更明显。

> 村两委班子之前真的不好找，尤其是年轻人，没合并前村干部工资也就一千多块钱，主任一个月1290元。二三十多岁、四十岁以下的年轻人要养家糊口，靠这点死工资、没有别的收入肯定做不到，在城里去打工随便干个啥都能挣三四千块，拿这么点钱干这么多事，谁还愿意来干这个活啊。（20210311-WS-CZS5）

由于"选人难"，年龄偏大的村组干部人事占比较大，他们中的大部分人并没有将这个工作当作一种"职业"，至少不是"主业"，更多的是当作一种补贴家用的"副业"。他们大多认为"给多少钱干多少事"，能够把基本的工作推着走、把村组的日常运转"维持"着，都算是"干的事比拿的钱多"，有一种"亏了"的感觉。如果这种情况还给予过高期待、赋予更多职责，要么就"当面一套、背后一套"或者"上有政策、下有对策"，要么就干脆"不干了"。

改革过后，村组的人口总数增加、管辖范围扩大，选人的范围也相应扩大，加之村组干部的工资收入得以提升、吸引力增强，村组"选人难"的问题得到一定程度缓解，由之前的"缺兵少将"变成"齐装满员"，村组干部不仅平均年龄降低，能力素质也整体提升，肯干事、能干事、干成事的"能人"开始涌现。

> 合并后村子大了，年轻人要好找些，班子年龄结构也要好些，班子也好搭，要强大些。比如，我们村合并后班子是5个人，新换届的基本都是高中生了，40岁左右，有当过兵的、做过赤脚医生的、搞过餐饮的。（20210311-WS-CZS5）
>
> 合并过后……村支部书记的工资由（改革）之前每月1870元增加到现在不低于3000元，他们也感觉更有想头了。（资料编号：20210316-ZZ-ZZB1）

村组干部是农村事业发展的"领头羊",平均年龄更低,往往工作积极性、主动性更足;到外面去闯过,往往视野更开阔;学历更高,往往思想更活跃学习能力更高。在新的村两委班子等的带动下,在完成维持村组的日常运转最基本的工作后,他们中的不少人开始把村组干部这份工作当作"职业""主业"甚至是"事业",成为带动农村发展的"积极分子"。

> 这次新合过来的村荒地比较多,我们原来村有产业基础,种植了30多年的血橙,做得好的一亩能卖3~5万,一般也能卖1~2万,他们都愿意合过来,合过来之后血橙种植面积大了。我们村有种植技术,他们村之前有人在外面做血橙酒,这位老板现在回来当了村主任,主动提出把企业引回到本村,打通产业链,将血橙分几个级别分别制定不同价格,这样大家就能共享改革的成果。(资料编号:20210316-ZZ-XCJY1)

(三) 村民返乡创业热情调动

乡村的发展,说到底首先要有人。在村民的眼里,吃饭是第一位的,养家糊口首先要考虑挣钱问题。而在农业生产成本上升和粮食价格下降的双重影响下,传统农业种植效益和农民家庭经营性收入占比持续下降,我们在调研中甚至有群众反映"辛辛苦苦在家干一年的收益抵不上外出务工一周的收入",没有效益的"乡愁"只能留在记忆之中。

> 不是我不想留在农村,留在农村不受管束,高兴了多干一点,不高兴了少干一点,吃的米和菜都是自己种的,喝的水是自己引的,空气又好。但你看我四十老几,上有老下有小,光守着几亩地,一年到头挣不了几个钱,哪里得行啊。(资料编号:20210316-ZZ-XCJY2)

对于改革本身,村民大多不太关注,他们关注的更多是改革过后能为他们带来什么,能不能在农村挣到更多的钱、获得更多经济收益。

> 现在在家的人很少,年轻人都外出打工了,小孩都在乡镇或县城读书,老人跟着帮忙带孩子,对于乡镇区划调整、村组合并这些事,要是在二十年前可能意见多,现在大家都没什么看法。而且如果通过改革,把集体经济搞起来了,每年还能收到点分红,多好啊。(资料编号:20210310-

WS—CZS1)

改革过程中，有条件的乡镇、村（社）在国土空间规划的统领下，有效衔接城乡建设、生态环境、自然资源、林草等相关领域规划，落实"多规合一"要求，发挥地理、交通、资源等比较优势，合理布局产业功能板块，编制和落实农村产业发展、乡村旅游发展等规划，为村民"离土不离乡、就近发展"奠定了坚实基础。例如，D市某村在改革后制定了乡愁旅游发展规划，依托千年古刹万佛寺，发动村民自愿将全部或部分闲置农房出租给村集体经济组织，或将房屋评估作价入股，引进专业公司统一规划、打造禅意康养、特色民宿、农耕体验，农民、村集体、公司按股进行分红，加上农业产业园、发展旅游等收入，2022年底村集体收入达到160余万元。改革过后多了发展机会，许多村民嗅到了发展的机遇，想到了回乡创业。

我们村有省扶持的集体资金，政府借给村集体经济发展。我们村之前有个在西藏搞农副产品加工，现在问我能不能回来投资建厂，加工好了拿到西藏去卖。村上有发展，大家看得见就愿意回来。（资料编号：20210311—WS—CZS6）

综上所述，乡村治理改革激活了乡村治理的三大主体，乡镇干部、村组干部的工作积极性、村民返乡创业的热情都不同程度地有了提高。不仅如此，三大主体更是携手建设乡村、参与乡村治理，多元主体共治的局面初步形成。

二、乡村治理体系的优化

（一）政治是统领，夯实组织基础

一是明确党建的统领地位。发挥党建统领作用是落实乡村治理的最大优势，随着农村产业化经营和经济结构的重大调整，农民专业合作社、新型农村社区、农村社会化服务组织等各种社会组织大量出现，但无论农村社会结构如何转变、各种社会组织如何发展壮大，基层党组织的领导地位都要始终如一的继续贯彻。因此，突出加强基层党组织能力建设，努力做到以提升党组织能力为重点、基层自治组织为主体、集体经济组织为纽带、群团组织为补充、社会组织为辅助、公众参与为路径的基层治理新格局。

一是加强组织建设。定期开展"三会一课"、红色星期五主题党日活动，加强党员队伍的思想教育和组织纪律建设。二是完善党内制度。完善党务公开制度，严格执行党内政治生活准则，强化党员干部监督，提升村党组织的凝聚力和向心力。三是加强党员培训、教育和管理。定期组织党员进行培训和学习，通过学习"四川党建"等推送的文章、视频，提高党员的理论水平和业务能力。通过不断加强党的思想理论建设和组织建设，提高党员干部的政治水平和党性修养，推动工作实现科学发展和良好运行。（资料编号：20230701－YC－ZZB1）

二是赋予基层党组织一定的职权。适当赋予了基层党组织对集体经济组织、自治组织等的候选人资格审查权、提名权、人事管理权、罢免权等，即农村基层自治组织、集体经济组织的领导成员由村党组织提名，选举之后的内部人事分工由组织成员选举，对不能胜任的领导成员，基层党组织有提出罢免建议的权利，切实加强党对农村各项工作的全面领导。基层党组织通过拥有人事权和基层党建工作引领各类组织发展；乡村重要事权把关上突出党组织的先知先做模范作用，赋予党组织参与重大事项决策的权利和监督的权力，从源头上加强了党组织对乡村工作的全面领导。

建立健全党组织，完善党的组织体系，规范设立村党委、党支部，选聘优秀的党员担任村干部，提高党组织的组织力和战斗力。提高干部的素质和能力，加强对村干部的培训和考核，回引优秀返乡农民工、退伍军人、致富带头人等10人担任村党组织书记，8名能人回村创业，领办家庭农场、专业合作社等新型农业经营主体15家，建立激励机制，推动干部队伍的优化和壮大。（资料编号：20230701－YC－CZS2）

三是强化基层党组织建设。首先是充分发挥基层党组织战斗堡垒作用和党员发挥先锋带头作用。使基层党组织在乡村治理中发挥统领作用，凸显其核心地位。针对部分基层党组织被边缘化、人为弱化等问题，可优先选调第一书记到人心涣散、凝聚力弱、带动作用差的基层党组织工作任职，优先发挥基层党组织的政治引领作用，保证其在乡村各种基层组织中发挥政治领导地位，实现基层重要工作在乡村治理改革推进过程中的科学化、民主化。通过组织各种基层党建教育活动的形式帮助党员严守政治立场和原则，通过发展乡村党员、党员大会等形式来提升基层党组织的凝聚力、先进性、号召力。其次是强化基层党组织的政治功能。由基层党组织宣传惠民政策、落实惠民举措、推动惠民服务，以此在群众中增强基层党组织的号召力、感染力、影响力，充分发挥基层党组织的政治作用。同时，党的上级路线方针让党员优先学习，上级党委的决策部署让党员优先知道，维护群众切身利益的事情让党员先做，发挥党员先锋模范带头作用。社会主义政治文明的主要内容之一就是完善乡村治理体系，切实提升乡村基层治理综合水平，持续推进政治体制改革，发挥基层党组织作用，加强基层党建，带动引领新时代乡村治理新格局。

持续派强用好驻村第一书记和工作队，做好驻村工作队到期轮换工作。在村民小组、产业链、社会组织等聚居点设立院落党支部，根据党员分布情况划分网格党小组，构建形成"村党组织＋院落党支部＋网格党小组"组织体系，党对农村工作的领导全面加强。通过调剂、置换、租用等方式处理闲置村活动阵地，将村活动阵地纳入新（改）扩建计划，科学规划布局，完善配套设施，不断提升党组织服务群众的水平。（资料编号：20230701－YC－CZS3）

（二）自治是基础，激发内在动力

一是培养乡村干部队伍。优秀的乡村干部在推进乡村治理建设中发挥着引领方向的领头雁作用。当前乡村治理的目标很明确，任务很艰巨，需要培养一批能力强、敢担当、乐于奉献的新时代乡村干部队伍，把大学生村官、退伍军人等作为重点储备人才进行重点培养，充实乡村建设力量，增强乡村治理能力。广大党员干部要自觉深入践行群众路线，乐于到农村去，经常到农村去，了解农村实际，把脉乡村发展症结。各级政府建立了农村干部档案，重点培养和提拔具有农村情节、心系农业发展、帮助农民致富、能够扎根乡村的专业化干部，让他们在实现乡村振兴中实现自身价值的同时增强乡村自治能力。

加强"一肩挑"人员监督管理，做好村（社区）党组织书记政治素质档案归档，全面开展村干部队伍分析，有针对性加强后备干部培养。实施乡村振兴主题培训，全覆盖培训乡、村党组织书记。（资料编号：20230701－YC－XGB1）

二是完善自治制度。首先是健全了乡村地方法律法规制度，尤其是加强地方民主自治立法。各地从解决基层政府法治困境的角度结合实际制定地方性法规规章，推动领导干部带头学法知法守法用法，做到依法行政，依据法规规章公开公正解决农民集体财产分配、房屋拆迁等问题，自觉依法接受监督。其次是完善村民自治制度。基层群众自治作为我国的一项基本政治制度，完善村民自治是其中的重要一环。当前部分地区村民民主自治没有得到足够重视，使民主决策、民主管理、民主监督局流于形式，虽然基层选举层面体现了民主民意，但基层民主不仅仅局限于民主选举。只有依靠充分的民主协商，依靠群智、群力才能妥善缓解农村矛盾。完善基层民主，关键是加强民主集中制建设，通过完善村民会议、村民代表大会、乡贤理事会、村务监督委员会等制度，依托民主听证会、座谈会等民主协商增加议事途径、规则和程序，进一步完善村务公开工作，让农民有路径管理自己的事务；提升村民民主的能力，加强对村民的宣传教育培训，举办各种形式的宣讲会，提升村民的自我权益表达能力，帮助其自我提升和管理，让村民有能力有信心管理自己的事务。创新民主决策，通过户代表或组代表参与代表会议，对重要事务进行充分讨论表决，拓宽村民利益诉求表达途径。通过完善村民自治制度，进一步调动了村民参与乡村自治的热情和积极性，同时协调好乡镇政府与村民自治的关系。乡镇政府作为国家权力最基层的政府机构代表，对于基层党组织建设应坚持"指导不领导、到位不越位、参与不干预、帮忙不添忙、帮办不包办"的原则，推进乡镇政府扎根乡村，与乡村充分有效自治相对接。

一是民主选举。2021年，我县全面完成了村"两委"换届选举任务，全部实现了村党组织书记、村委会主任"一肩挑"，至此顺利完成了改革期间临时党组织、村工作委员会的过渡。二是民主决策。主要通过村民代表会议或村民会议等方式讨论决定涉及村民利益的事项。三是民主管理和民主监督。所有村建立村务公开制度、村务监督制度，制订自治章程、村规民约。建立小微权力清单，开展民主评议，对村民委员会实行任期和离任经济责任审计。（资料编号：20230701-YC-ZZB1）

三是完善乡村自治组织建设。首先是扶持公益社会团体组织。目前四川省乡村建设取得很大成就，但仍然存在着乡村人口老龄化、乡村空心化等问题，现有的乡村社会组织远远不能满足群众的需求。我国传统乡村治理主体主要为乡镇政府、村两委，在推进乡村治理现代化的进程中，乡镇政府和村两委结合乡村群众的需求、当地条件和上级政府扶持政策等引导成立乡村公益性社会团体组织，通过政府购买服务等帮助其承担乡村养老帮扶、人文关怀等作用。鼓励党员积极参与乡村公益性社会团体组织，有能力的担任骨干，发挥示范带头作用，帮助组织明确正确的发展方向。其次是构建多元主体共治新格局，共同推进乡村自治。改变过去传统的治理模式，扩大自治的主体，建立和完善多元主体共同治理新格局。将乡镇企业、农民专业合作社、社会团体组织、村民等统一纳入乡村治理的主体中，构建党委领导下的政府、市场及社会等多元主体共同参与的治理主体新模式，开创共建、共治、共享的社会治理新格局。

  社区按照"党建引领、群众主体、多方共建、多元服务"的理念，紧紧围绕群众需求，充分发动群众力量，通过组建群众性、功能性自治组织"微家"，充实治理力量，完善治理层级，补齐治理短板，充分发挥连民心、聚民力、惠民生、正民风等作用，持续巩固拓展共建共治共享的治理格局。通过群众自荐、邻里推荐、干部摸排等方式，广泛发动社区热心公益、乐于助人、志趣相投、身怀专长的群众，组织成立"公益微家""和事佬微家""同乐微家""文墨阁微家"4类"微家"，以"小众"奉献服务带动"大众"互帮互助。（资料编号：20230701-YC-XGB2）

（三）法治是根本，增强法律后盾

在乡村治理中充分发挥法治的保障作用，既是全面落实依法治国的必然要求，也是提高乡村治理水平的内在需求。乡村治理的根本遵循就是法治，自治、德治的运行也要在法治的范围内。

一是重视法治化建设，明确认识自治不能对抗法治。部分农村地区的村民对村民自治的理解片面化，仅仅停留在村民自治就是所有事情均由村民决定层面，对于不利己的法规制度，倾向于以村民自治为理由拒绝执行，只想要"利己"自治而不想要公平法治，于是出现了村规民约大于国家法律的畸形困境。四川省紧密结合扫黑除恶专项工作，按照"有黑扫黑，无黑除恶，无恶治乱"的要求，坚决依法惩治宗族恶势力、"村霸""恶霸"，维护乡村和谐稳定的社会环境。在推进基层治理法治化进程中，持续加强农村法治化建设，农村各项事务坚决在法治范围内运行，避免"民王"取代"民主"。基层政府落实"谁执法，谁普法"的责任，通过律师宣讲团、法治讲座等公益法律服务形式对农民进行法律知识宣传教育，提升其守法意识。

二是完善乡村法律法规。法治是自治的保障，法律法规应该为村民自治提供法律保障的后盾，任何权利都不能凌驾于农民集体的合法权益之上。从推进法治中国的视角推进法治乡村建设，切实推进民主法治建设。推进乡村民主法治建设，完善有利于实现乡村善治的法律法规体系是重中之重，提升乡村治理的法治化、民主化水平。四川省及时修订颁布《四川省村民委员会选举条例》《四川省农村集体经济组织条例》等法规，促进了村民自治的健康推进，保障农村集体经济组织的有序发展，使农村自治组织凭借法律维护组织权益。同时设置法律服务点，通过调解员、法律援助等方式帮助农民维护其合法权益。

三是注重村规民约的民主化、科学化。乡村治理需要充分完善利用各地的村规民约作为"软法"，改善乡村的道德环境。即使再完善的法律也很难涵盖乡村生活的各个层面，四川省乡村差异性较强，各地的情况不一样，统一的法律不可能去调解规范所有的村民行为。乡村治理中的法治思维和法治方式主要通过农村基层党组织引领乡村中的群众和党员制定、恪守村规民约，凸显村规民约在维系乡村基层社会秩序中的规范性作用。为了实现村规民约的价值，重点在于保证村规民约的合理性和执行效力。因此四川省从制定村规民约的程序入手，充分发挥"村民会议"村级民主协商平台的功能，邀请包括外来人员在内的乡村群众广泛参与讨论，在交流意见中找到本地乡村治理的最优共通点，把乡风民俗、传统社会道德教化等统一纳入到村规民约，并制定出符合本村实际、满足大多数人需求的村规民约。增强村规民约的实质性约束力，将村规民约的执行和股利分配、土地承包经营权的流转等权益分配相结合，增强正向激励和负向制裁，确立村规民约作为乡村法治重要途径的权威性。四川省传统民间的宗族规约和乡村传统社会的舆论道德教化作为"软法"使得国家"硬法"缺乏有效的控制力时依然能够维护乡村秩序，在政策上保证乡村治理正常有序开展。

村训躬行。村党支部引领村委充分发挥自治功能，颁布16句128字村训，并在新村醒目处设置村训宣传栏，引导村民谨记村训、遵从村训，推动村风民风向好向善，激发发展内生动力。族训明理。妥善处理宗族内部关系，引导村里唐、周、李三大姓家族，各自建立族人议事会，制定姓氏族训，教育引导族人遵从族训，主动融入新时代洪流，爱国明理、正心修身、精诚团结，增强宗族荣誉感、责任感。（资料编号：20230701-YC-XCJY1）

（四）德治是先导，形成长效机制

农村熟人社会蕴含的道德规范是乡村治理机制的重要组成部分，从丰富中国道德的视角推进乡村德治，不断提升道德文明程度。

一是发挥学校和文化礼堂教化作用。首先，注重学校的教育功能。四川省地方政府在对城乡一体化规划发展时，加大对学校在内的乡村公共服务设施的投入力度，要求乡村社区和乡村学校协同发展、共建共享，把学校打造成乡村文化和教育的多功能阵地，形成"三农"教育、乡村文化的后方阵地和农民精神家园的枢纽。乡风文明是实施乡村振兴战略的基石，同时也是推进乡村治理的重要精神载体。其次，打造一个充满活力、创新进取的乡村思想文化环境，重点在于促进乡村文化礼堂的"建设、管理、使用"一体化发展，充分发挥乡村文化礼堂的传承传统文化和弘扬社会主流价值观等思想阵地作用，建设为充满向心力和归属感的精神乐园。乡村基层党组织要充分利用文化展览厅等形式，通过弘扬传统文化活动来做好非物质文化遗产的传承工作，借此来呈现乡村发展的变化成就、美好前景，唤起村民的情感共鸣。通过文化娱乐来寓教于乐，引导优秀传统文化的价值观和乡村熟人社会的道德规范在乡村文艺创作和表演中体现，把仁义等道德观念内化于村民心中，帮助他们形成自觉的行为准则。适应时代新要求，选取新乡贤和本土道德模范，通过文化礼堂举办评选"文明家庭"等活动移风易俗，遏制厚葬薄养、红白喜事大操大办等不良陋习，帮助树立积极向上的良好社会风貌。

> 传承文化提素养，"文墨阁微家"依托社区已成规模的书法爱好者群体，积极传承中华文化瑰宝——书法，不定期给社区群众讲授培训书法，提升群众文化素养。发展兴趣促凝聚，"同乐微家"将有共同兴趣爱好的群众紧密联系在一起，通过组建太极站、腰鼓队、演唱团等兴趣团体，吸引群众广泛参与，丰富群众精神生活，不断增强社区凝聚力。（资料编号：20230701－YC－XCJY2）

二是发挥新乡贤带动作用。乡村振兴战略中提出"积极发挥新乡贤的作用"，新乡贤和其组织在推进社会道德建设、村民自治中发挥举足轻重的作用。首先，四川省重视和充分发挥新乡贤在推动乡村振兴中的引领作用，新乡贤拥有广阔的人脉资源、灵通的信息，鼓励新乡贤利用自己的资源带领村民共同发展的同时不能让新乡贤利用权力使村民利益受损。在当前农村人才严重流失的背景下，四川省地方政府一方面充分利用乡村学校作为乡村文化集散地，另一方面通过唤醒乡愁、从土地政策、税收减免优惠等措施入手吸引在外的新乡贤优秀人才回乡投身于乡村建设。其次，"乡贤治村"在村两委、基层自治组织的引领下作为法治、自治的补充。新时代下新乡贤可以参与乡村治理，但绝不能像古代那样任由乡贤主导治理，绝不能取代村两委或阻碍村两委工作进展。乡村治理的主体核心依靠基层党组织、自治组织，广泛接受新乡贤纳入乡村治理体系中促进道德自治。重新构建新乡贤文化，培育其提升乡村治理能力，鼓励新乡贤协助村两委参与到乡村治理中来。领导权和治理权相分离，充分调动社会的活力。

通过举办春节乡友座谈会、微信群晒家乡巨变、我为家乡发展出份力等活动，引导新乡贤反哺家乡故土。通过微信、QQ等方式大打感情牌、人情牌，多方联系动员社会力量投身乡村治理，吸引一批产业带头人、文化乡贤等乡土人才带动百姓致富增收。（资料编号：20210316-ZZ- XCJY3）

（五）智治是支撑，强化助推力量

智能化建设为乡村治理提供了有力的技术支撑，可以极大提升乡村治理的效率。要重视新一代数字化信息技术，特别是注重"互联网+"和人工智能技术在乡村治理中的应用，形成乡村治理的"上面千条线，中间一朵云，下面一张网"的乡村智能化治理模式。"上面千条线"指各级政府管理部门；"中间一朵云"指运用云计算、大数据等先进数字化技术手段；"下面一张网"指乡村治理的网格化管理模式。

一是树立智能化治理观念，夯实"网格化+信息化"治理。信息技术的飞速发展促进了乡村治理的智能化。四川省乡村基层党组织树立智能化治理的观念，引导社会组织、村民等多元主体积极参与网格化管理，因地制宜结合面积、人口等具体情况分为不同层次的网格，网格间权属清晰，在网格化治理框架下将信息技术应用和乡村传统熟人社会化管理相整合，通过收集、输入、共享乡村人员布局、空间地理等数据化信息并加以应用，做到治理心中有数，将网格化管理对接大数据平台借助乡村治理资源统一整合来提高治理的效率。通过网格化管理和人脸识别、高清监控探头、无人机、遥感等技术结合，借助互联网实现网络平台的对接共享，做到村民服务多维度全覆盖。

积极推广"川善治"平台，打造云端上的党群服务中心。通过"川善治"乡村治理平台，村党组织可以进行村民信息管理、村庄大事记发布通知发布等，村民则可通过"川善治"平台了解本村发展情况、进行政策咨询，在外学习、务工村民还可以远程了解并参与村级公共事务管理。打开电视看村务，便民服务零距离。通过网络电子平台，把"三务"公开栏搬到群众的电视里、手机上，实现村级事务"一眼可见"、办事流程"一键可查"，打通了基层党组织服务联系群众"最后一公里"。（资料编号：20230701-YC-XGB5）

二是运用大数据推进乡村治理。四川省各级政府明确开放共享数据的意识，改变传统信息壁垒难以打破的信息垄断化局面。各级部门统一建立包含环境监测、人口流动、社会治安等多类型的数据资源库和开放式的数据平台，各职能部门和社会组织、企事业单位在一定范围内共建共享数据平台，通过收集到的数据承担自己的职能，实现多元化的共治主体；建立在省市政府统一管理下的大数据源平台，把县、乡、镇、村的管理信息统一接入到综合平台，将企业的技术优势和政府的数据优势相结合，把乡村中的数据资源尽可能转为可以应用到教育、养老等领域的数据产品；基层政府改变传统思维，善于运用"互联网+"、云计算、大数据等手段进行数据分析、预测，提升其决策能力，增设群众表达诉求的版块，了解基层群众的合理诉求，与第三方合作提升其数据收集、分析处理能力，及时把数据转化到应用，提升在乡村源头解决问题的治理能力。政府把各种扶农惠农和服务便民等事项统一纳入综合平台，用信息数据解决传统跑腿难办事的问题，努力做到"办事不出村"。

在羊山湖村试点推进数字乡村综合平台建设，具体包括数字积分体系、数字门牌、防止返贫监测、基层智慧党建、村级数据智能填报等功能，进一步提高乡村数字化治理效能。（资料编号：20230701-YC-XGB6）

三、乡村治理资源的优化

（一）空间结构战略调整

一是优化管理战略格局。实施乡村治理改革前，四川省乡镇（街道）数量占全国总数的11.6%，居全国首位，平均每万平方千米有95个乡镇（街道），每个乡镇（街道）平均面积106平方千米、人口只有1.8万人，县级行政区所辖乡镇（街道）平均多达25个，设置密度远高于全国平均水平；1万人以下的乡镇有1500多个；规模相差很大，全省人口最多的乡镇有23万多人，最少的只有265人；面积最大的乡镇达到了5123平方千米，最小的不到0.3平方千米；县级政区下辖乡镇街道最多的为73个，最少的只有7个；乡镇下辖的村分散而且规模小，空心化问题尤为突出。改革实施后，乡镇行政区划范围明显优化，乡镇政区平均户籍人口从1.8万人增加到2.93万人，平均管辖面积从106平方千米增加到156.7平方千米；建制村平均面积从10.7平方千米增加到17.7平方千米，平均常住人口从877人增加到1458人，基本达到全国平均水平，成都等中心城市的村（社区）人口规模与广州、杭州等同类城市基本相当，解决了村（社区）过多、人口集中度低等问题，有利于按照更高标准提升城乡建设整体水平，打造成为区域增长极。

改革后，全县的乡镇由31个减为23个、建制村由515个减为276个，减幅分别达25.8%和46.4%，通过对镇村"多合一"调整，镇村数量多、规模小、分布密、实力弱的空间形态得到显著改善，城乡空间布局、人口布局明显优化。（资料编号：20210311－WS－XLD2）

二是优化生产力战略布局。由于基层行政区设置不合理，县（市）和乡镇面临产业发展布局上发展空间有限、产业同质化竞争、项目重复低效投入等问题，新兴产业领域和高新技术企业发展所需的高端要素资源难以进入，不利于高质量发展与产业转型升级。同时，作为产业发展的主阵地，许多开发区按照相应的层级行使行政管理权限，管理部分区域的乡镇（街道），与行政区域的职能形成交叉，产生不同程度的冲突和矛盾，行政区的管理与开发区的运行都面临很多困难。四川省通过乡村治理改革，引导各地顺应人口流动化、产业特色化、规模化发展趋势，重点调整规模，构建了区域内以骨干带动、多点支撑、协调发展的城乡新格局与生产力布局。拓展了当地发展潜力相对更好的产业空间，打破了制约乡村产业发展的组织壁垒与地域限制；优化调整了地缘相近、产业相关、发展相融的建制村，通过整合资源要素、盘活闲置资产等方式，壮大集体经济，带动群众增收。在改革的同时开展提升营商环境指标行动，截至2022年7月，四川省实有市场主体突破八百万户，居于全国第六位。依托"一窗通""营商通"等智慧登记平台，构建起了窗口办、网上办、掌上办、就近办、异地办的立体化服务体系。

借势村级建制调整改革做优产业板块，将318个零散产业村合并成149个连片产业村，根据地理位置、产业优势等因素，推进相邻行政村的产业布局共同规划、产业提档共同实施，以产业集聚增强项目、资金、人才吸附力，形成"单体发展—组团发展—整体发展"发展壮大模式。通过调整改革，对地缘相邻、主业相近、优势互补的镇村进行调整，加速了资源要素的合理流动和高效配置，催生了一批中心镇（村）、重点镇（村）和特色镇（村），县域内主干带动、多点支撑、协同发展的格局加快形成。（资料编号：20230701-YC-ZZB2）

三是优化空间战略格局。乡村治理改革对空间重塑的重要贡献在于顶层战略规划和基层空间格局的协同耦合，以及省、市、县之间的空间战略逻辑实现统一。在省级层面，四川省以"一干多支、五区协同"的全省统一新部署为总体方针指导，其中，"一干"是支持成都加快建设充分体现新发展理念的国家中心城市，充分发挥成都的辐射带动作用；"多支"是环成都经济圈、川南经济区、川东北经济区、攀西经济区竞相发展，形成五大区域（成都平原经济区、川南经济区、川东北经济区、攀西经济区、川西北生态示范区）的协同发展格局。在区市层面，乡村治理改革和城市空间格局优化紧密相关，如一些地方按照"一主两辅三副"的城市空间格局，优化城镇功能布局，形成"梯次布局、组团发展、功能完善、生活便捷"的城市空间体系。四川省高度重视补齐乡村规划短板，加快推进完成县域国土空间规划编制，在"十四五"期间实现乡镇国土空间总体规划全覆盖和"多规合一"实用村庄规划应编尽编，在空间上进一步巩固改革成果，稳步形成适度均衡的新型城镇化空间格局。

围绕重塑县域经济发展版图，调出未来发展新格局。坚持顺向调整原则，结合国土空间布局规划编制，全力绘制县城发展、县域副中心、区域中心镇、特色产业发展、资源保护利用"五张高质量发展版图"，拉开了城市未来发展骨架，为适时提出"撤县建市"预留了发展空间，切实做大主城区。（资料编号：20210316-ZZ-ZZB3）

（二）基层治理新生活力

一是壮大了基层新生力量。四川省在改革实践过程中，各地统筹安排撤并乡镇编制，重点培养选拔优秀年轻干部，妥善解决了乡镇干部"官多兵少"、机构空转、村干部年龄偏大和学历偏低等长期存在的问题。改革后，全省村干部总数减少5.1万名，村党组织书记平均年龄下降3.9岁、大专及以上学历增长到7.1%、优秀农民工比例达到53.7%。调整后的地方基层干部年龄结构进一步优化，村（社区）党组织书记与村（社区）"两委"成员都明显减少，部分县通过乡村治理改革，村党组织书记的平均年龄降低了5岁以上。同时，基层干部队伍的来源结构有效改善，各地新任村党组织书记中，具有大专及以上学历的村（社区）党组织书记比例大幅提高，具有社会治理、乡村旅游、电子商务等专业背景的村（社区）党组织书记比例明显提高。

> 改革中坚持"一人一策"，做好干部分流安置，调优调强乡村两级班子队伍。按照留任一批、离任一批、调整一批、支持创业一批、负面调整一批的"五个一批"原则，实现干部安置进者满意、退者乐意、转者合意、留者中意。通过优中选优，把政治素质优、业务能力强、群众基础好的干部留了下来，村常职干部平均年龄下降2.1岁，大专及以上学历提高1.5个百分点，村干部服务水平和服务能力明显增强。（资料编号：20210310-WS-ZZB1）

二是为基层成长提供了新生资源。四川省在乡村治理改革过程中，把解决困扰农村发展的深层次矛盾作为重要导向，为基层发展注入新的资源，其中发展壮大村集体经济是贯穿改革全程的重点所在与重要抓手之一。四川省明确坚持尊重历史、承认差异，通过直接合并、股份合作、联合经营、逐步过渡等方式稳步推进村集体经济整合，不搞"归大堆"；同时进行明晰产权、依法赋权、创新机制、规范运行，为壮大村集体经济注入活力。例如，一些地方通过乡村治理改革盘活和壮大了村集体资产，把理顺产权关系、处置不良债务、创新监管机制、提高发展动能作为村级建制调整改革的重点，实现农村资产资源资金和债权债务的有序衔接，一方面理顺了债权债务关系，规定合并村按要求及时完成原村级集体资产和所有财务账目、现金、存款的接收交接，保持债权债务基本不变。另一方面铺开"三资清理"，建立县村级财务审计报账中心，和县信用社合作建立农村"三资"综合管理平台，确保改革前后"三资"不变、账本不乱。

严格落实农村集体资产年度清查相关要求，指导乡村规范开展集体"三资"清理工作，加强集体资产管理，确保集体资产保值增值。将村集体闲置的阵地、厂房和废弃的学校等设施，依法通过租赁、承包经营、股份合作等多种方式进行盘活，增加集体经济收入。（资料编号：20230701-YC-ZZB1）

三是为基层发展注入了新生动力。产业发展是全面实现乡村振兴的内在动力。四川省通过乡村治理改革，在优化乡镇村级建制的同时，进一步改善了行政区和产业功能区的关系，用"造血"代替"输血"，取得了良好的效果。部分设区市以产业功能区为载体推进乡镇（街道）区划调整，原则上将产业功能区内符合条件的乡镇（街道）进行合并或调整。一方面，持续创新管理体制，将产业功能区范围内的乡镇（街道）委托给功能区管理，或实行乡镇（街道）和产业功能区合署办公、一体运行。部分县（区、市）乡镇（街道）行政区划调整后，镇（街道）和产业功能区实行"一套人马、两块牌子"，形成了功能区和镇（街道）、专业部门之间"镇区合一""区局合一"的新体制。另一方面，重构职能职责，形成功能区主要负责产业发展、镇（街道）主要负责公共服务与社会管理、区（市）县部门负责综合治安和执法监管的职能分工，部分地方创立了"管委会＋国有公司＋专业化平台"的经济运行模式，以专业化管理推动产业跨区域跨界融合发展。

本着前瞻经济发展水平、变地理单元为发展单元的实际需求，着力构建适应人口转移和产业发展趋势的集镇村、中心村、特色村等梯次分明的村级发展格局。立足做优"一只果、一条鱼、一头猪、一筐菜"农业特色产业需求，发展壮大特色农业产业村77个；立足充实历史文化名城底蕴、浓厚乡愁乡情需求，打造文化旅游特色村27个，立足提升基层治理质效需求、构建"1＋7＋3"体系，调大调强集镇村、中心村、重点村59个。（资料编号：20210316-ZZ-ZZB2）

（三）服务网络有效延伸

一是在改革前充分尊重群众意愿。四川省在实施大规模改革之前，就明确了要充分尊重民意，不搞大撤大并，不"以数字论英雄"；坚持因地制宜，宜撤则撤、宜并则并，科学合理设定目标减幅数，坚决防止"一刀切"。全省用了近1年时间在省、市、县、乡镇和村各级层面进行了大量扎实细致的调查研究工作。在省级层面，思路和方案形成后，改革还广泛征求各方意见，选择不同类型的市和县进行试点，根据试点情况调整完善后再向全省进行推广；在市、县层面，通过实地走访、调查问卷等方式，广泛听取社会公众的诉求，许多市、县形成数万份问卷与意见表；在乡镇与村层面，四川省充分利用"坝坝会"和"诸葛会"等多种形式，既能充分倾听基层群众的声音，又能够起到宣传和沟通改革方案的作用。

> 前期调研，由政府拟定调研事项，广泛了解县情、乡情，通过走村串乡召开"坝坝会""诸葛会"，征集意见建议收集乡村干部、乡村精英、普通百姓的意见；在方案论证阶段，先由政府草拟调整方案，召开能人乡友、社会各界、干部群众座谈会，发放调查问卷，征求意见建议，形成同意意见，由政府组织开展专家论证、风险评估、合法性审查，由政府形成调整改革决定。（资料编号：20210316-ZZ-ZZZB3）

二是在改革中充分保障人民群众的利益。四川省在乡村治理改革中坚持做到"宜留则留、宜调则调、宜变则变，不搞一刀切"，在方案制订中，按平原、丘陵、山区、高原地区四大类别，综合分析当地的历史渊源、文化底蕴、经济联系、群众心理和交通状况等因素，合理设计调整方案。同时，分清轻重缓急，控制时序节奏，将非贫困和已脱贫地区往前排，未脱贫摘帽地区往后排，待其脱贫攻坚考核验收后再启动，确保贫困地区在合并调整中不被"忽视"、不被"掩盖"。此外，对一些调整条件尚不成熟的地方，按照"宁缓勿急"的宗旨，待条件成熟时再进行调整。不仅如此，四川省在乡村治理改革中，一直坚持"顺向调整"这一重要原则，即顺应新型城镇化和乡村振兴发展演进的"方向"，顺应产业、人口、交通等要素流动的"方向"，顺应人民群众对美好生活新期待的"方向"，顺应"人往高处走"的人心"方向"。在具体实施中，全省各地推动县城周边的镇村并入县城、山上的并入山下、沟里的并入沟外、交通闭塞的并入便捷的地方、经济欠发达的并入经济较发达的、公共服务配套差的并入配套好的、自然条件较差的并入条件较好的、存在洪涝地灾隐患的并入环境安全的。"顺向调整"的重点是顺民心民意，通过保障群众利益争取群众支持。

我们综合考虑地形地貌、经济水平、人口密度等因素，对地缘相近、产业相融、人口相适、大小相宜、群众意见统一的村可以合并，对历史文化名村所在的建制村、已评选传统村落、群众意见分歧较大村原则上不合并，相关政策继续保留。（资料编号：20210311－WS－ZZB2）

三是在改革后充分提升民生服务。乡村治理改革涉及群众的切身利益，四川省在推进改革的过程中，尤其重视通过改革系统重构民生服务体系，让改革真正惠及城乡群众。借助改革，许多市、县加快补齐城乡建设短板，如有的城市结合改革，制定基本公共服务清单，建立"服务事项清单＋建设项目清单"规范管理和动态调整制度，确定100项基本公共服务事项和100个建设项目，涵盖了乡镇（街道）和村（社区）调整后道路交通、能源通信等基础设施和教育、卫生、文化等公共服务设施建设。同时，乡村治理改革解决了过去公共服务资源薄弱的问题，推动建立覆盖城乡的"15分钟社区生活服务圈"，根据居民聚居点分布格局，优化配置教育、医疗、养老、文化等公共服务资源，积极盘活用好被撤并村的活动阵地。特别是在农村地区，村级建制改革后，单个村可用财力得到了增加，使用效率不高的村级阵地可以得到整合，可在更大范围优化配置公共服务资源，确保群众目前利益不受损害、长远利益得到保障。教育方面按照"小学向乡镇集中、初中向中心镇集中、高中向县城集中、资源向寄宿制学校集中"的思路，提高集约化水平和办学效益；医疗方面将具备条件的乡镇卫生院打造成县域医疗卫生次中心，构建县、乡、村三级联动医疗服务体系；养老托育方面推动完善养老服务网络，健全儿童服务体系。

在乡镇统一设置了党建工作、综合行政执法、社会事务机构、便民服务中心和农民工服务中心，县级部门派驻站所普遍实行属地管理，为优化协同高效履职提供了有力支撑；同步推进"放管服"改革向基层延伸，推动公共服务事项下沉，实现了更有效率的管理；被撤并乡镇普遍设立便民服务分中心或服务点，新设村全面推行民事代办机制，实现城乡便民服务网络全覆盖。（资料编号：20210311－WS－ZZB1）

（四）人才资源有效整合

一是发挥乡村精英的引领作用。在推进乡村振兴的过程中，各村村主任、村支书充分利用其人脉关系与其政策敏感度，连接政策和资金资源，发展特色产业，打造乡村振兴示范村。在发展完善集体经济的前提下，合作社理事、产业致富带头人等经济精英还尝试推行了多种形式的股份制，创立了以集体经济为主体的混合经济模式。多才多艺的能人利用自己掌握的技艺知识引导带领村民成立文艺服务队等自治组织，自发开展各类村集体性活动。

  实施乡村头雁培育计划，做好能人巧匠、优秀农民工等回引培养工作，持续优化村"两委"班子特别是带头人队伍，注重从大学生、致富带头人、退役军人中选拔培养村党组织带头人，选树乡村振兴"担当作为好支书"。持续派强用好驻村第一书记和工作队，做好驻村工作队到期轮换工作。深入推进村级集体经济"消薄扶强"计划，开展集体经济创优突破行动，突出抓好新一轮扶持发展新型农村集体经济工作，开展"项目进村·万企联村"活动。（资料编号：20230701-YC-XGB2）

  二是引导社会组织参与社会治理。一方面，引入外部社会组织，培育公益性的社会组织，如妇女儿童促进会以政府购买服务的形式持续参与到社会治理当中，并有序推进社会建设项目，涉及整体规划、环境治理、乡风文明、乡村教育、动员村民等方面。另一方面，发挥村庄内生性组织的自我管理和服务作用。各个村庄都自发组织成立了村庄内生性组织，并且形成了各种治理活动实践，如文艺服务队进行文艺表演、老协组织村庄志愿者开展居家养老服务、百家宴席互助组组织村庄百家寿宴等。

  一是构建孵化体系。完成1个县级社会组织孵化中心、27个乡镇（街道）社会组织孵化站、4个试点社区社会组织孵化点建设，初步形成了县、乡、村三级孵育体系。二是孵育社会组织。2022年以来，我县共孵化培育县级社会组织6个，社区社会组织79个，全县现有社会组织205家。三是助力基层服务。组织义工联合会、县人民调解协会、五里牌蓝天梦志愿者服务队等社会组织积极参与基层社会治理，在疫情防控、平安建设、志愿服务等方面发挥优势、献策献力。（资料编号：20230701-YC-ZZB2）

  三是动员乡贤参与村庄治理。基于治理对象老龄化的现状，应重点发挥老年人在村庄治理和服务供给等方面的独特价值。一方面，乡贤能人拥有传统的非正式关系资源，可以有效获取村民的支持，动员村民参与公共事务。另一方面，乡贤能人拥有更多社会资源，可以发挥自身优势，吸纳专业社会力量，满足不同情境下村庄治理的资源整合需求，维护村庄的公共利益。例如，依靠传统乡贤重新成立老年协会帮助推动村庄公共事务；依托乡贤组织组建村庄调解服务队，调解村庄各类矛盾纠纷；村庄德高望重的老人在"邻里百家"讲述村庄的历史，传承优秀传统文化等。

我们将政治素质好、群众威信高、热心公益事业的退休干部、骨干党员、教师、致富能手等新乡贤，或引入村（社区）"两委"班子和村级事务理事会，或组建志愿服务队伍。我们村成立了乡贤联谊会，缘由是村上最初的产业是由乡贤引进的，并且他们积极参与村上的治理和发展。情系家乡的乡贤返乡投资种植产业、生猪养殖等，教方法、传经验，助力家乡产业发展，在疫情严重时捐钱捐物助力疫情防控。（资料编号：20210316－ZZ－XCJY2）

第五章　四川省乡村治理改革中政府与社会互动的体系优化

乡镇和建制村，是政府与社会发生复杂互动的场域。从政府力量来看，目前代表政府力量最低延伸至乡镇一级，乡村治理依然带有"简约"色彩。[①] 乡村数量庞大、国家治理能力有限、乡村社会维持内部秩序的惯性使得行政力量无法随时准确掌握乡村社会每户家庭的具体情况，乡村治理的"简约"色彩难以褪色。从乡村社会来看，乡村管理组织是悬浮型的。由于乡村管理组织的运转资金（比如村干部的工资、村两委的行政成本等）由国家财政支付，村两委自动干预动机弱化，存在不愿费心管理村级事务、用心为村民服务的现象。由于村庄空心化，选拔年轻有为的村干部变得困难，村两委干部能力下降，村两委政府公共管理和提供公共服务的能力下降。

四川省的乡村社会，劳动力大批外出务工，"三留守"现象严重，政府掌握的乡村社会信息仍有模糊地带。成长于乡村社会、活动在乡村社会的村干部、村级组织掌握的乡村社会信息更精准、更直接，但村干部年龄偏大、村级组织缺乏活力，维持现状的思想仍较突出。乡村治理改革前，政府与社会互动的组织链条和经济链条有着不同程度的松动，政府与社会之间是半脱钩状态，乡村社会变迁重组的实际冷却了政府力量介入乡村社会的强烈愿望。乡村治理改革后，政府与社会的连接得以重建。

一、组织链条的优化

政府与社会互动的组织链条是指政府与乡村社会的各级组织之间的连接，具体包括县级政府、乡镇政府、村两委和村民小组。从整体上看，政府与社会互动的组织链条在乡村治理改革后发生了明显的变化。乡村治理改革前，四川

[①] 桂华. 面向社会重组的乡村治理现代化 [J]. 政治学研究，2018（2）.

省乡镇和建制村呈现出数量多、规模小、人口少等特点。乡村治理改革后,四川省乡镇数量从4610个减为3101个,减幅32.7%;四川省乡镇平均面积从106平方千米增至156.7平方千米,增长47.8%;平均户籍人口由1.8万人增至2.93万人,增长62.7%。建制村从45447个减为27018个,减幅40.6%;建制村平均面积从10.7平方千米增至17.7平方千米,增长65.4%;平均常住人口由877人增至1458人,增长66.2%。村民小组从386120个减为233980个,减幅39.4%;社区从7804个增加到8261个,增幅5.9%;并对1307个社区管辖边界进行了优化。上述数据表明组织链条的变化特点为乡镇和建制村数量减少、面积扩大、人口增加,村民小组数量减少,社区数量适度增加。

这些宏观数据背后,政府与社会发生着怎样的微观互动?通过对部分县民政局干部、县委组织部干部、乡镇干部、村两委班子成员和村民访谈,发现政府与社会互动的组织链条有着以下变化。

(一)县级政府:从"政策中转"到"主动谋划"

县级政府因无法准确掌握差异性的乡村情境,通常扮演"政策中转"角色。定调子、出原则、乡镇结合实际开展工作是县级政府的工作常态。这种"悬空式的地方转译"存在的基础在于县级政府对乡村社会信息掌握的不充分、不完整。当政策的作用单位是村民(个人)时,县级政府的"政策中转"角色更加明显,"悬空式的地方转译"倾向更加突出。乡村治理改革是对乡镇行政区划和村级建制的调整,其作用单位是乡镇和村庄。县级政府对县域范围内乡镇行政区划设置和村级建制情况是相对清楚的,能够根据省上文件要求的"顺向调整"原则基本确定哪些乡镇合并,哪些乡镇不合并;哪些建制村合并,哪些建制村不合并。

> 乡村治理改革由县委组织部牵头,村级建制调整按照顺向调整原则进行,综合考虑地形地貌、经济水平、人口密度等因素,对地缘相近、产业相融、人口相适、大小相宜、群众意见统一的村可以合并,对历史文化名村所在的建制村、已评选传统村落、群众意见分歧较大的村原则上不合并,相关政策继续保留。(资料编号:20210311-WS-XLD1)

四川省乡村治理改革各个工作阶段,县级政府需要乡镇政府和村两委做好宣传、沟通、疏导工作,而不是自下而上做出政策决定。县级政府对乡镇和村庄行政区划信息的准确掌握,增强了自身工作的主动性。

前期必须把改革的必要性、可行性以及改革的好处给他们（干部群众）讲清楚，镇上成立重大工作组，到村上召开村民大会、村民代表会议、院坝会等传达精神，这很有必要，只有这样整个改革的阻力才会减少，才会消除干部群众对改革的疑虑和担忧。在中期阶段，通过前期的工作，面上对改革基本上是支持的，那么这个阶段政社互动的主要是关注那些重点人员。在后期阶段，主要任务是把乡村干部、乡友乡贤、致富能手、普通群众都动员起来，积极参与到我们乡村治理改革"后半篇"文章工作中去，提升治理水平，让他们共享改革红利。（资料编号：20210311-WS-XLD1）

乡村治理改革的示范效应提升了县级政府工作主动性。推进国家治理体系和治理能力现代化是国家的大政方针，但是具体应该如何推进，基层政府并不是十分清楚。在推进乡村治理改革的过程中，县级政府逐渐认识理解社会治理的内涵。社会治理需要处理好社会性与公共性的关系。社会性是人们通过自发自愿的交往而形成的连结。[①] 这种自发形成的连结是人与人相互了解、相互信任、相互合作的基础，从此出发才能形成群体的团结、社会的团结。有了社会性才能产生公共性。简而言之，先有人与人之间的联系再有群体联系、社会团结。社会治理就可以从创设人与人的连结着手，逐渐地培养公共性，促进社会团结。基层治理实践中，抓基层党建，发挥党组织的战斗堡垒作用和党员的先锋模范作用，抓基层干部队伍建设、抓便民服务中心建设，都是构建和促进人与人的连结，进而加强社会团结的途径。

说实话，从前对怎么搞"社会治理"并不是很清楚，感觉没有具体的抓手。不像搞经济建设，可以抓产业、抓城市建设、抓招商引资、抓重大项目等。做"乡村治理改革"的过程中，才逐渐明白社会治理应该怎么搞，抓基层党建，抓基层干部队伍素质提升、抓便民服务中心建设等都是可行的方法，工作积极性也就大大提升了，也更清楚地明白了习近平总书记说的"行政区划本身也是重要资源"的深刻道理。（资料编号：20210310-WS-XLD2）

乡村治理改革实践中，县级政府一改"政策中转"角色，成为主动谋划的

[①] 冯仕政. 社会治理与公共生活：从连结到团结[J]. 社会学研究，2021（1）.

行动者。其原因一方面在于县级政府直接掌握了乡镇行政区划、村级建制的基本情况，另一方面在于乡村治理改革对推进社会治理的示范效应。这表明在推进乡村治理体系现代化和治理能力现代化进程中，只要县级政府能够掌握政策执行最低单元的信息，找准开展具体工作的着力点，懒政、怠政的情况是可以改善的，县级政府能够成为推进乡村治理体系和治理能力现代化的积极行动者。这也回应了前文中提出的国家治理体系现代化概念中的政策维度的要求。

（二）乡镇政府：从"压力下沉"到"主动服务"

乡镇是国家政权在乡村社会的行政末梢。从机构设置上看，乡镇设有由地方党委政府领导的职能部门，也有垂管部门的派驻机构。乡镇政府权力不大，职责却很多，"小马拉大车""官多兵少""事多人少"是乡镇政府的工作状态的真实写照。乡村治理改革前，乡镇政府的化解工作压力的方法是通过对操作程序的设定将执行压力"下沉"，村两委、村干部面临着巨大的执行压力和政策风险。

为改变乡镇政府"压力下沉"的行为惯性，乡村治理改革特别注重增强乡镇政府的服务能力，从推行乡镇综合行政执法改革、改善乡镇干部周转房供应、优化乡镇机构编制资源配置、盘活用好镇村公有资产等各个方面提升乡镇的公共服务能力。

从L市提升乡镇政府服务的具体做法能够看到乡镇政府从"压力下沉"到"主动服务"的转变。首先是调整优化公共服务资源。按照"只增不减"原则，被撤并的乡镇涉及民生保障、服务群众的机构均予以保留，优化配置警务室、卫生院、学校等服务群众机构，作为整合后新镇（街道）相关机构的站点，推动城乡基本服务均等化，确保基本公共服务不削弱，防止出现"管理服务真空"。目前设有便民服务中心9个、站点5个，派出所8个、警务室21个，公共法律服务中心1个、工作站9个、工作室31个，乡镇（街道）卫生服务机构9个、次级诊疗点5个，保留小学15所，整合初中5所，确保公共服务水平"只增不减"。其次是促进为民服务增效。建立镇"1+3+5"留守、镇领导班子"下沉坐班日"、村级"群众办事、干部代办"的工作机制，完善"镇干部包村+村干部包组+组干部包户"服务体系，配套落实留守办公、定时坐班、上门服务等制度，开展"群众工作周"等行动，确保群众办事找得到地方，切实为群众办实事解难题。例如，L市某乡群众普遍关心的"断头路"、路面窄影响生产等问题均已全部得到解决，55名党代表、人大代表联名写了感谢信。

（三）党建赋能村两委

村级党建是乡村治理改革的重点工作。乡村治理改革后，四川省有2285个建制村设置党委、5846个村设置党总支，全省77%的村实行了"一肩挑"，村党组织书记兼任村集体经济组织负责人占比达73.8%。整体层面的数据表明，通过乡村治理改革村两委，党的建设取得了较好的成绩。微观层面的生动故事更形象、鲜活地反映出党建赋能村两委的实际效果。

1. 成效一：做大选拔村两委班子的人才库

乡村治理改革前，受制于劳动力人口外出打工的现实，村两委班子许多年都是"老面孔"，缺乏干事创业的动力和热情。有些地方出现了某个姓氏的家族（民族地区为"家支"或"部落"）在建制村中人口占比较高，出现了"村级组织家族化"的现象。这种现象使得村民自治受到挑战，乡村自治组织的"内卷化"严重，老百姓对村庄事务充满各种猜疑，乡村社会的稳定受到影响。

> 村里的党员年龄都很大，十几年都是"老面孔"，老党员思想不够开放、带动发展有限，原来一个村里就那么多人，很少有年轻人在家，想发展党员你都找不到人，也没法考察，就算你将他发展成党员，他也会跑到外头去打工，也不得为村里服务。现在（改革后）人口数量较以往翻了一番，以前村里有1210人，现在是2732人，对象多了，无论如何还是要好些。（资料编号：20210310-WS-CZS2）

乡村治理改革后，建制村的管辖范围变大了，村两委的人才库变大了，人才供应变充足了，制约村两委村工作能力提升的选人难问题得到了缓解。村干部所说的"对象多了，无论如何还是要好些"，包含了选得出人才和选得出留下来的人才两层含义。一方面是说村两委班子更好搭了，另一方面是说服务群众的能力和热情更足了。

2. 成效二：竞争机制落户村两委班子

乡村治理改革后，村两委班子年轻化是一个基本事实。村支书认为村干部年轻化是好事儿，年轻干部更善于运用信息化技术开展工作、服务群众。年轻干部在村两委班子中产生了"鲶鱼效应"，带动了村两委班子工作能力的整体提升。

> 以前村两委老龄化比较严重，之前我们村干部可以说没有一个会用电脑的，所有东西都手写，我上来以后以前的资料都没有了。现在年轻人都懂电脑，东西都存电脑，不容易丢。之前老干部比较套路化，现在很多事情都是网上申报，会（议）比以前少了，很多事在电脑上就做了。很多村里的事情在微信群里就通知了。（资料编号：20210311－WS－CZS6）

但是，部分乡村精英却认为年轻人的工作阅历和工作能力不足，干不好村里的工作。而年轻干部认为阅历和经验都是一个积累的过程，通过行政坐班、电话公示等方法很快就能与群众建立起联系，形成稳固的干群关系，熟悉村庄各家各户的具体情况。当好村干部的关键是要有闯劲和新思路，带领老百姓发展壮大集体经济，发家致富。

> 年轻人相对年老的干部来讲，阅历和经验都不够丰富，在群众中没有声望，很多事情搞不转。（资料编号：20210310－WS－XCJY1）
> 以前干部可能年龄大了没有闯劲和思路，我从去年通过我的个人努力，争取到了我们村水库的立项，计划投2个亿。村民都非常开心，搞规划设计要考察，村民主动给带路。（资料编号：20210311－WS－CZS6）

年长村干部、年轻村干部和乡村精英的对话，传递出竞争效应已经在村两委中悄然产生。这种竞争既有年轻村干部和年老村干部之间的竞争，也有年轻村干部与乡村精英之间的竞争。两组竞争反映出党建引领下的村庄治理变革，村干部接纳和运用技术手段提升村庄治理效能，乡村精英和村民主动监督村干部履职，村庄在朝着乡村振兴的方向迈进。

二、村集体经济的优化

在某种程度上，构建社会经济保障网络需要坚持以公正为核心的价值取向，强调正义属性，同时满足社会成员在社会经济安全方面的个体需求，具体内容请参见表5－1。在乡村社区中，除了满足日常经济保障的需要，还需要考虑乡村治理的制度化保障，特别是政策制度的重要性。乡村治理改革后，四川省建制村由原来的45447个调减为27018个，减幅40.6%，其中80.9%的合并村采取二合一的方式（即由两个村合并为一个村）。在村级建制调整的过程中，农村集体产权制度改革同步推进，合并前69.6%的村完成农村集体产权制度改革，截至 2022 年 6 月底，50401 个村级集体经济组织完成登记赋码。合并后从 2020 年 7 月起新登记的村级集体经济组织 9666 个，66.6% 的合并村村级集体经济实现完全融合，56.6% 的合并村有集体经营收益，合并村全体村民（成员）共享收益占集体经营收益总额的 54.3%，村级集体经济组织正逐步走向融合发展的道路。可见，乡村治理改革后，农村集体经济正在蓬勃发展，促进发展的动因在村级建制调整中已经孕育。

表 5-1 社会经济保障维度下的因素分析

个体需求	条件因素	建构性因素	规范性因素
	机会与可能性	过程	价值导向
安全需求	社会经济保障	人类安全	社会正义

（一）破除农地"三权分置"的障碍

20 世纪 80 年代以来土地下户，广大农村普遍实行土地家庭承包责任制。农村土地的所有权归村集体，土地承包经营权归农户，土地承包经营权按人均分，按户占有。随着农业的发展，小规模农业的弊端日益显现。农民进城、农村土地闲置荒废现象日益严重。为确保粮食安全，发展规模农业，2018 年 12 月 29 日十三届全国人大常委会第七次会议表决通过了关于修改农村土地承包法的决定，对农村土地"三权分置"做出了法律规定（如图 5-1 所示）。将农村土地划分为所有权、承包权和经营权，村集体拥有土地所有权，农民拥有土地承包权和经营权，农户可以将土地经营权流转给土地实际经营者，实际经营者可以将土地经营权作为抵押物向银行申请贷款。从而做到既保障农民的土地承包权，也保障土地经营者的经营权，让农村迸发出新的活力，促进农业升级、农村发展、农民增收。

所有权　　　承包权
农村土地"三权"
经营权

改革开放之初
家庭联产承包责任制
所有权归集体
承包经营权归农户

现阶段
"三权分置"
所有权归集体
承包权归农户
经营权归土地经营权人

图 5-1　"农村土地"三权分置图

然而，政策预定目标实现并不乐观。据研究显示，其原因主要来自两个方面。一方面，进城务工农民盘算着"留着土地还是好些，万一城里挣不到钱，还可以回家种地"，这种"以防万一"的心态使得农民不敢履行正式合同流转土地经营权。另一方面，实际经营者既无能力也无强烈意愿一次性支付高额租金租赁农民土地，毕竟农业经营存在着"高风险"。那么，假定诚心流转土地的农民和具备有效租赁需求的实际经营者在土地市场相遇，达成流转协议，土地"三权分置"的初衷就能达到吗？农业的规模化经营就能实现吗？

原来我们村鸡蛋饼那么大，项目还没施展开，又跨村了。合并后，坝坝大了，舞台大了，拳脚可以施展得开些了。（资料编号：20210311-WS-CZS5）

村支书的这段话，说明村级建制也是阻碍土地"三权分置"初衷（农业规模化经营）达成的重要因素。村庄建制太小，土地规模有限，限制了村集体经济的发展规模，也增加了与邻近村庄协商沟通的交易成本。如前文所述，四川省户籍人口在1000人以下的建制村（农村社区）高达12173个，占全省村级建制总数的23%。如果按照村庄人口为1000人，每家4口人，村庄一共250户，每户4亩（一亩=0.66667公顷）土地计算，整个村共有土地1000亩。而大多数农业项目的用地需求都在1000亩以上。Z市负责人介绍，他们准备引进一个现代农业项目，需要5000亩土地，但是该村只能拿出2000多亩土地，需要协调相邻群众利益，增大了引进难度，农业现代化和规模化发展受到制约。乡村治理改革调整村级建制，破除了农地"三权分置"的村级建制障碍，扩大了村庄的管辖范围，增加了村集体拥有的土地规模，村集体经济发展拥有了更大的舞台。

（二）新型职业农民增加

乡村治理改革后，四川省农村涌现出一批新型职业农民。他们在广大农村形成了良好的示范带头作用。Z县吸引来的一位大学生创业者，对农业有着深厚的情感，相信农业能够产生较大的经济效益。他大胆尝试，卖掉房产投资农业，建起了养猪场。乡干部驻点帮助解决问题；村干部积极有为，为他流转土地，修葺完善基础设施；与此同时，村民也积极行动起来，围绕养猪场调整自己的农业生产活动。这位创业者又为村民免费提供沼气。一位创业者、一位新型职业农民连接起了乡干部、村干部和村民三个群体，让国家与社会在乡村社会产生了良性互动，这种互动又会生产出乡村社会的团结。

  合并过后我们村有一位大学生创业的，就是九九加家庭农场，他以前是新希望集团的，集团允许他们出来搞养殖，本来他是陪别人来看土地的，结果别人走了，他留下了，把三亚和绵阳的房子、铺子都卖了，投入1000多万左右在村里建起了养猪场，他留下的主要原因是他要的几百亩土地，我们一周内就给他流转好了，我们还整合资源完善道路等基础设施，动员村民"以养定种"，还派乡干部在他那驻点帮他解决各类问题，他也知恩图报，为村里的贫困户免费提供沼气。（资料编号：20210316－ZZ－CZS1）

  W县招商引资，吸引来了种柑橘、搞养殖的职业农民。他们看重的是村干部办事得力，自己可以在办手续、流转村民土地、寻找劳动力等方面少操心，将主要精力投入专研技术、田间管理、销售渠道等农业生产事宜。基础设施好，农产品运输更快捷。有位创业者甚至计划将自己的产业并入村集体经济，大家优势互补、抱团取暖，提升经营效益。

  我是2016年招商引资过来的。承包土地600余亩种植柑橘。我们过来村两委比较支持，有困难纠纷随叫随到。我们村有2个人回来创业，主要养殖。村里基础设施提供好了（道路、水源），政策有扶持（一亩300元补助），村上干部办事得力。（资料编号：20210311－WS－XCJY2）

  我是做中草药材加工、黄金酒等的，每年产值有五六千万，合并过后我想把我做的产业并入到村集体经济。因为现在我的产业发展面临土地流转难、部分村民做工作难、资金和政策扶持少等问题，合并过后村上可以集中更多的各种资源，我的产业并入村集体经济，由村干部出面，这些问题就好解决。（资料编号：20210310－WS－XCJY2）

  上述案例表明，乡村治理改革激活了政府与社会互动的经济链条，村集体经济发展迎来了新的契机，充满了新动能。

三、文化链条的优化

（一）群众主人翁意识增强

针对当前乡村空心化、农民个体化、社会组织松散化等困境，四川省注重培育乡村社会中自下而上的内生性自治组织，通过组建道德评议会、红白理事会等组织，发挥村民主体作用，激发村民"主人翁"意识，基本实现治理为村民、治理靠村民、治理成果村民共享目标。在乡村规划、建设、管护等工作中，充分听取和采纳群众意见建议，引导群众积极参与乡村共治、共建、共享，在参与建设的过程中收获自尊、自信，提高其参与美丽乡村建设的归属感、责任感和认同感，进一步树牢主人翁意识，实现政府主导与群众参与的良性互动。在村级管理中工作中，合理划分政府、村组织与农民的权力边界；通过村民座谈会集体讨论、挨家挨户征求意见等方式，集思广益、群策群力，形成"政府主导、群众参与，团结一心、共谋共建"的良好工作局面。

  村上定期开展村民代表大会，邀请老百姓参与决策和讨论重要事务。有的村民过去对村级事务并没有太多的参与，现在在村干部的倡导下，村民们逐渐了解到自己有权参与村级决策，并意识到自己的声音是被重视的。于是，在村民代表大会上，村民越来越积极发言，提出了更多村里建设的建议。村干部们认真倾听村民的建议，并商讨是否将其纳入村级发展计划中。随着时间的推移，类似的场景在各村中变得越来越常见。（资料编号：20230701－YC－XCJY1）

（二）群众社会参与活力提升

乡村治理现代化要求"从群众中来，到群众中去"，由内到外动员群众参与，畅通乡村自治现代化路径。四川省发动老人会、宗亲会及村民代表等群众性自治组织参与重大村级事务民主议事和民主决策，充分发挥村民自治章程、村规民约在治理路径中的作用。以人民群众的需求为根本出发点，建立健全联动机制，整合社区、社会工作者、社区社会组织、社区志愿者和社区慈善资源等力量，推进联系群众、团结群众、服务群众的乡村自治现代化治理体系建设。

四川省在乡村治理改革中坚持人民群众主体地位，激发人民群众的主人翁意识，提升人民群众的获得感、自豪感。通过村民代表会议、院内坝坝会等载体，引导群众在党的领导下行使自治权，形成"家家参与、户户其中、人人创建"的浓厚氛围。在涉及人民群众切身利益的乡村治理中，把服务群众、造福群众作为出发点和落脚点，把群众的力量凝聚起来，把乡村治理的活力激发出来。

> 我镇各村在制定村规民约时，各村根据实际情况，召开村民代表大会，广泛征求村民意见，村民提出了很多积极有用的意见，村委会根据村民意见，反复修改完善，最终形成符合村情且大家都遵守的村规民约，村民根据村规民约办事，群众的幸福感得到了提高，村级的管理水平也得到了极大的提升。（资料编号：20230701-YC-XGB2）

（三）乡风文明软实力增强

四川省把文化阵地建设作为公共服务的重要载体，持续完善公共文化服务体系建设，不断提高阵地管理使用的规范化水平。坚持文化为民、文化惠民，以群众文化需求为导向，深入挖掘当地文化资源，在宣传引导、管理服务、活动组织、资源整合等方面主动对接群众需求，创新谋划、精心组织各类文化体育活动，在不断提升群众文化创作力和凝聚力的同时，为群众搭建相互沟通、增进了解、联络感情的平台，进一步拉近邻里距离，营造"邻里相亲"的良好氛围。引导村民摒弃天价彩礼、薄养厚葬等陈规陋习，培树家庭和美、邻里和睦、村社和谐的农村社会新风尚。通过开展一系列文化惠民工程，满足群众精神文化需求，有效提升基层文化建设的"造血"功能，激活乡村治理的"精气神"。

> 我们主要采取了：一是弘扬族训家风。引导有条件、有意愿的家族制定姓氏族训、遵从族训，主动融入新时代洪流，爱国明理、正心修身，助力家乡发展建设。鼓励各家以"勤劳实干、向善向上"为主题拟制家训，传承良好家风、带动淳朴民风。二是开展道德评议。注重以道德评议推动移风易俗、促进乡风文明。广泛开展"星级文明户"创评活动，组织开展传习"家风家训"、创评"最美家庭""文明家庭"等主题活动，以家庭为单位，引导农民摒弃陋习，积极培育文明家风。三是发展文艺文化。积极

推进乡村文化乐民、文化惠民、文化富民建设，采取"群众点单、政府送戏"方式，开展文艺"三下乡""戏曲进乡村"文化惠民演出，免费开设舞蹈、美术、书法等艺术培训班，做到以文润心、以文化人，乡村精神面貌焕然一新。（资料编号：20230701－YC－XGB3）

第六章 四川省推进乡村治理改革的经验与路径

一、推进乡村治理改革的经验

在实现"乡村社会治理有效、充满活力、和谐有序"指导目标下，四川省乡村治理成效显著。2021年3月26日四川省公布了399个村作为四川省首批乡村治理示范村镇。这些示范村镇在巩固脱贫攻坚和推进乡村振兴过程中提供了各自的治理经验，促进了政府治理、村民自治和社会参与的良性互动，持续强化了乡镇党委的基层责任，提升了乡镇公共管理、公共服务和公共安全水平，健全了乡村公共事务监督体系，形成了共建共治共享的乡村治理格局。这些示范乡镇的治理经验为推广乡村有效治理提供了不同的思路与启示，为推动治蜀兴川步入新台阶、促进乡村全面振兴夯实基础，共同参与构建新时代四川乡村治理新格局。

（一）脱贫攻坚中的乡村治理经验

党的十八大以来，我国脱贫工作取得巨大成就。四川省作为全国脱贫攻坚战的重要主战场，取得脱贫攻坚战的重大胜利，解决了区域性整体贫困，全面消除了绝对贫困。在脱贫攻坚战、建设全面小康的进程中，资金、人才等资源汇集向深度贫困地区，为贫困地区的乡村发展带来机遇，释放了乡村治理活力。脱贫攻坚与乡村治理二者是相辅相成的，在推进二者发展进程中采取的措施给贫困地区的农村居民的生活带来了巨大的变化。

1. 注重贫困群众参与

在乡村治理的实践中，依赖观念是群众发挥主观能动性、积极参与乡村治理的重要制约因素。扶贫先扶志，扶贫必扶智。部分贫困村和贫困户扶不起来，并不是他们没有致富的条件和能力，而是因为他们缺少脱贫致富的勇气和实际行动。四川省各地区通过加强建设农村基层组织，建立贫困群众参与机制，提升了村民的战斗力与凝聚力，如广元市政府为提高贫困群众参与度建立了3项激励机制，激发贫困群众的内生动力。首先是建立道德积分机制。在贫困村设定关心集体、勤劳节俭、自强发展等良好道德积分评定指标，对于贫困户每季度进行一次评定，将道德的软实力转变为积分的硬指数。其次是建立衡量责任评分机制。按照"群众大会集体评议、帮扶村两委干部商讨打分"的方式，建立贫困户脱贫责任评分机制，以主动寻求增收渠道、积极参与脱贫政策宣传落实作为基本分值，对脱贫后的贫困户现实表现进行量化考核评分。最后是建立股权激励机制。通过建立"集体经济＋新型经营主体＋贫困户"利益联结机制，对主动参与产业建设发展的贫困户给予200～1000元的奖励。

2. 加强干部驻村帮扶

干部驻村的主要目的是帮助群众解决问题，近距离为群众服务，这利于提升贫困村的治理能力，为乡村治理奠定人才基础。四川省脱贫攻坚期间省委印发文件要求落实驻村帮扶政策，部分优秀驻村干部主动赶赴贫困地区。他们与贫困村没有直接利益关系，可以在指导和监督扶贫资源使用、公平分配、调解纠纷等方面发挥更客观的作用。凉山州脱贫攻坚期间，聚集了各级各类帮扶干部约1.17万人，从最初的"下乡扶贫"到"驻村扶贫"再到"新时代综合帮扶"，他们的工作重心由扶贫扶弱转向扶贫和扶业、扶智和扶志齐头并进。为解决驻村帮扶中"软、散、乱、穷"等明显问题，凉山州派出了专职驻村工作队驻扎所辖贫困村。四川省2018年5月选派3500多名优秀干部到凉山州11个深度贫困县推进综合帮扶与脱贫工作。打赢脱贫攻坚战后，四川省继续贯彻选派驻村第一书记和工作队奔赴重点乡村的决策部署，将3.4万名新一批驻村干部轮换选派到1.2万个村。四川省2021年出台了驻村第一书记和工作队管理办法，围绕管理职责、工作责任、管理服务、考核评价、纪律约束、激励保障等方面制定了工作方案。

3. 持续推进移风易俗

移风易俗作为乡村治理的重要内容，同时也是乡风文明建设的重要组成部分。在实施国家扶贫战略的过程中，移风易俗被广泛推进，成为脱贫攻坚的重要工作主线。由于四川省民族地区社会经济发展水平相对较低，民族地区扶贫的重要内容就是推进移风易俗，如凉山州基于具体州情与特殊问题把移风易俗作为脱贫攻坚战的四个重要战役之一。凉山地理位置封闭，传统文化价值观念较重,所以有一些落后的风俗习惯。针对这些风俗习惯,凉山州制定了推进移风易俗的标准,实行"三建四改五洗"工程,将移风易俗转换为切实可行的工作措施与政策,这样既便于落实工作,也有利于监督检查。针对婚嫁高额彩礼金的现象,凉山州创新了"亲情工作法"和"德古工作法",革除大操大办婚丧事宜的陈规陋习,注重调理化解婚姻纠纷与家庭矛盾。针对凉山部分农村"脏乱差"的环境,凉山启动了"三改一塑"的"形象扶贫"工程,即改善贫困农户家庭和环境卫生状况,改善生活居住条件,改善陈规陋习,塑造凉山农牧民的新时代。

(二)乡村振兴中的乡村治理实践与经验

1. 乡村振兴中的乡村治理实践

乡村治理是实现国家治理体系和治理能力现代化的重要内容,乡村治理有效是实施乡村振兴战略的重要组成部分。中央农村工作会议将"加强和改进乡村治理"作为乡村振兴的重要内容,提出创新乡村治理方式,提高乡村善治水平。取得脱贫攻坚战后,国家稳步推进乡村振兴,包括产业、人才、生态、组织的全面振兴,同时完善有效治理、文明乡风建设等多个层面的治理措施。通过多方面的乡村治理实践,推动乡村实现共同富裕。

(1)以乡村治理助推产业振兴。

乡村振兴中最根本的是产业振兴,产业发展是农村发展的基础,重点是解决农民增收问题。在推进产业振兴的进程中,四川省各地结合实际情况采取不同的治理模式,如遂宁市近几年通过织好"制度网"、唱好"主角戏"、算好"收益账",夯实集体经济发展的基础、拓宽增收渠道、释放发展后劲活力。遂宁市的富强村采取"党总支+农户+合作社"的形式,将初芒种植专业合作社、海阔农机专业合作社与3000亩土地等作价入股,成立了富强村股份经济联合社。在治理中发展了产业,多种模式共同发展壮大了村集体经济。

(2)以乡村治理促进文化振兴。

乡村振兴不仅要塑形,还要塑魂。乡村文化振兴不仅是乡村振兴战略的必由之路,而且对于人才、生态和组织的振兴具有重要的推动作用。各地对于乡村文化振兴出台了许多措施推进乡风文明建设。首先是完善基层阵地建设,推动优质公共文化服务资源延伸至乡镇、村。其次是丰富群众文化活动。各地积极组织推出了"乡村晚会""川渝读书星""唱支山歌给党听"等群众性文化活动,带动下级政府广泛开展文化活动,进一步丰富了群众精神文化生活。最后是积极扶持乡村艺术创作，鼓励戏曲进乡村，举办群众文艺作品巡回演出。

（3）以乡村治理对接组织振兴。

乡村振兴的主线是推进组织振兴，只有建立起坚实可靠的基层组织，才可以加快推动乡村振兴工作。为了巩固基层组织建设，各地出台了多种治理举措来推动农村党建工作，促进自治、德治、法治"三治"的有机融合。资阳市乐至县全面强化党的建设，肩负抓好党建推进乡村振兴的政治责任，坚持组织路线服务政治路线，依托组织振兴促进乡村振兴，通过组织保障把巩固脱贫攻坚成果与乡村振兴有效衔接起来。首先是巩固农村基层组织，强化乡村振兴。全县234个建制村全部建立起党组织，自治组织、监督组织、经济组织和社会组织都在村党组织的统一领导下开展工作，定期组织农村各类组织向党组织报告工作和年度述职。其次是做好乡镇干部队伍建设，凝聚乡村振兴骨干力量。

（4）以乡村治理带动人才振兴。

人才振兴是全面推进乡村振兴的核心，也是实现乡村治理现代化的关键之举。四川省自2021年起将连续5年统筹实施一批重点人才工程，推动人才智力向产业发展、乡村建设、基层治理一线倾斜，为"十四五"全面开启乡村振兴新征程提供人才保证。农村发展要做好领军人才培养，同时吸引和用好回流人才。各地纷纷出台相关政策措施，大力培养乡村振兴中紧缺的各类人才，如德阳市旌阳区在乡村人才振兴工作中，围绕"人才、产业、发展"三大要素，通过"三引三育三激励"，聚焦新型职业农民，走出一条创新赋能、共享发展之路，推动传统农民转变现代新型职业农民，激活农民创造力，提升农业农村生产力。

2. 乡村振兴中的乡村治理经验

四川省在推进乡村治理进程中始终坚持做好党建引领，并注重发展集经济，重视村民的治理主体地位，推进村级建制的科学调整，引导传统乡村治理资源的现代转型（如图6-1所示）。

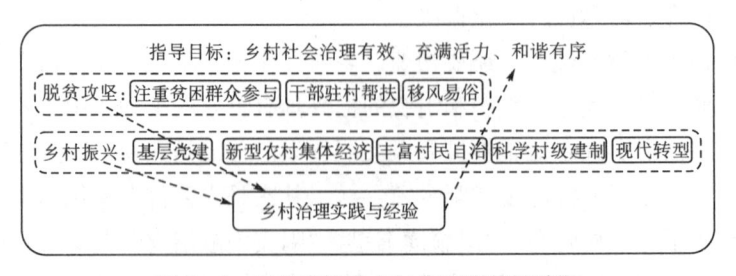

图6-1 四川省推进乡村治理改革经验图

(1) 加强基层党组织建设，坚持党建引领。

在乡村治理中始终保持党建引领的重要作用，将农村基层党组织打造成为团结带领农民群众推动乡村治理现代化的坚实堡垒。

首先是加强农村干部选任和党员队伍建设。在选拔基层干部的过程中，拓宽视野，加强从优秀农民工、退役士兵、致富能人、返乡大学生、乡村精英等群体的优秀党员中选拔村党支部书记的力度。加强党性教育和培训，不断提高党员干部的自身修养、能力水平、责任感、奉献精神。建立有效的激励与约束机制，充分发挥党员干部在乡村治理中的表率作用，保证党的路线方针政策有效落实到乡村治理中，提升乡村治理效率。

其次是扩大基层党组织的覆盖面，将基层党组织拓展到农村社会的各个领域。农村地区需要根据村庄的地理位置、产业布局和规模等，创新探索在城乡接合部和中心村等成立联合党支部，在党员人数较多的村和龙头企业等成立党委或党支部，在村民小组、家庭农场、农民合作社和规模较小的农业企业等成立党支部或党小组，根据农村党员流动情况成立流动党组织。

(2) 发展壮大新型农村集体经济。

发展壮大新型农村集体经济是实现农民生活富裕、农村美丽宜居、农业产业兴旺的重要基础，也是实现乡村有效治理的基本前提。四川省首先以保护农村集体经济组织成员权利为核心，以增强农村集体经济实力为目标，以明晰农村集体产权归属、赋予农民更多财产权利为重点，深化产权制度改革，探索农村集体所有制经济的有效组织形式和经营方式。同时加强了对农村集体经济的扶持和引导，科学规划促进农村地区集体经济的健康发展。此外，积极培育新型农业经营主体，加快发展现代家庭农场、农民合作社等多种形式的农业规模化经营。

(3) 体现农民的主体地位，丰富村民自治。

在乡村治理工作中，村民群体不仅是乡村治理的对象，还是乡村治理的主体。要提升村民的主人翁意识，增强村民自治的能力，吸引更多群体参与进乡村治理进程中。首先是积极开展村民自治相关的报道和宣传。一方面鼓励村民通过网络和广播等形式及时掌握国家的涉农政策，学习有关的法律知识，让村民认识到党和政府为农村发展出台的诸多利好政策，认识到参与乡村治理是法律赋予他们的权利，从而提升村民参与乡村治理的积极性。另一方面在村里定期召开民主座谈会，让村民积极参与事关自身利益有关的问题讨论和协商，增强他们的参与感与责任感，凸显村民的主体地位。其次是建立健全农村人才回流机制。继续推行大学生村官等人才培养计划，鼓励农村中的优秀人才积极回家乡进行创业，把他们在发展水平较高地区学到的经验、知识和技能等用于本土乡村发展和治理中。不断改善农村治理工作者的工作环境同时提升他们的待遇，在农村引得进、留得住、用得好人才，从而不断壮大乡村治理人才队伍，在很大程度上缓解了农村人才流失的危机。

（4）推进村级建制的科学调整。

四川省的乡镇行政区划和建制村调整的乡村治理改革实践是比较成功的，因此，应当借鉴四川的经验，在有条件的地方把村级建制调整作为加强和创新乡村治理的重大改革来推进，出台全国村级建制调整改革的指导意见，按照顺向调整、中心汇聚、公众认同、合法稳健的原则，科学调整村级建制，探索建立省级指导、市级统筹、区县为主体、乡镇实施的推进机制，因地制宜减少村级建制数量，科学规划布局，培育一批中心村、重点村与特色村。

（5）引导传统乡村治理资源的现代转型。

传统乡村治理资源经受了时间的检验，同时也是乡村传统文化的组成部分，通过合理引导并进行利用。在现代性语境中发掘传统文化中的治理资源，将村规民约、家规家训和培育践行社会主义核心价值观有机结合，开展移风易俗活动，实现乡村文明善治。培养扎根农村的本土文化人才，支持挖掘乡村本土文化资源，运用现代化传播方式，以生动活泼的文艺形式，推出一批具有本土特色、贴近群众生活、积极向上的文化和体育活动，以优秀文化凝聚人心、滋养身心。

二、推进乡村治理体系现代化的路径

推进我国乡村治理体系现代化，要统筹考虑农业农村现代化的战略布局、从脱贫攻坚到乡村振兴的战略转移、城乡统筹的发展理念对乡村治理提出的新要求，做到顺势而变。

社会治理的基础在基层，薄弱环节在乡村。四川省基于乡村发展区域间、民族间不平衡不充分的现实省情，将夯实基层基础作为固本之策，建立健全党委领导、政府负责、社会协同、公众参与、法治保障的现代乡村社会治理体制，推动乡村组织振兴，打造充满活力、和谐有序、多元多样的善治乡村，这也是提升乡村治理能力的工作目标。而乡村治理能力建设，重在关注多元多样的乡村社会现实，分步骤、分类别地推进乡村治理，通过制度安排与机制设置，以及对加强各乡村治理主体农村基础工作，健全乡村治理体系，确保广大农民安居乐业、农村社会安定有序的能力建设，打造共建共治共享的现代乡村社会治理格局（如图6-2所示）。

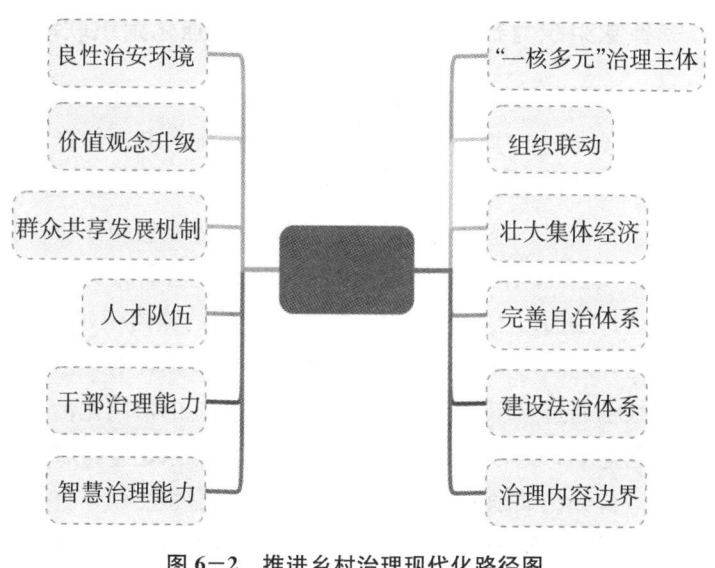

图6-2 推进乡村治理现代化路径图

（一）坚持"一核多元"的多治理主体，壮大治理力量

统筹协调各方资源，搭建多方参与治理的渠道与平台，构建基层党组织领导下的政府治理、社会调节、村民自治良性互动的"一核多元"乡村共同治理主体体系。首先是切实加强党组织自身建设。壮大农村基层党组织，优化组织结构，实现对乡村治理的有效覆盖和凝聚作用，使基层党组织成为乡村治理的主心骨。其次是政府发挥统筹协调能力、分配能力和资源整合能力、社会干预能力等，宣传倡导平等、参与、自主和多元等治理理念，通过制度创新、资源供给、政策扶持等途径为多元主体参与乡村治理提供良好的政策环境。再次是完善村民自治组织。村民自治是乡村治理的有效途径，要不断提升村民的民主意识、自我教育意识和自我管理能力。村委会要敢于表达村民的诉求，不断完善村委会选举制度、决策制度和监督制度等。最后是积极培育农村社会组织。尊重农村社会组织的相对独立性，提升专业性，切实发挥不同类型农村社会组织在乡村治理中的积极作用，尤其是发展壮大农村集体经济。在群团组织的服务中、在社会组织的服务中、在村民自治的实践中，都要体现党组织的领导，让农村群众在接受服务时，感受到党的关心，自觉接受党的引领，特别是村干部、新乡贤等村庄精英要进一步增强在乡村治理中的自治作用，结合村民的实际需求和村庄的发展条件，发挥村庄内生性资源的基础优势，并充分利用外部

资源，主动开展维护本土公共利益的治理实践。

（二）完善党组织为核心的组织体系建设，强化组织联动能力

一方面是以农村基层党组织建设为主线，强化党组织建设。首先突出政治功能，把农村基层党组织建成宣传党的主张的主阵地；其次，提升党组织的基层组织力、协调力，将党组织建设成为贯彻党的决定、领导基层治理、团结动员群众、推动改革发展的坚强战斗堡垒。尤其要发挥党组织在协调基层自治组织、企业组织、社会组织在基层治理中的互动互助、互补互促的功能发挥。鼓励在乡镇（街道）层面以下，村社以上形成区域化的党组织，和"三治"（自治、法治、德治）之间形成有效结合的组织体系。鼓励针对外出务工人口建立流动党支部，鼓励通过组织建设，形成乡村与务工地的协同化治理。另一方面是重视联动机制建立，健全以党组织为核心的组织体系。坚持农村基层党组织领导核心地位。首先是鼓励创新探索，形成党组织引领协调、自治组织、集体经济组织、社会组织联动的乡村治理组织体系和运行机制。其次是提倡村党组织书记通过法定程序担任村民委员会主任和集体经济组织、农民合作组织负责人，推行村"两委"班子成员交叉任职；提倡由非村民委员会成员的村党组织班子成员或党员担任村务监督委员会主任，并明确和乡镇上级组织的组织互动关系；确保村民委员会成员、村民代表中党员应当占一定比例。再次是在以建制村为基本单元设置党组织的基础上，创新党组织设置。加强农村新型经济组织和社会组织的党建工作，引导其始终坚持为农民服务的正确方向。最后是加强农村党员队伍建设。加强农村党员教育、管理、监督，推进"两学一做"学习教育常态化制度化，教育引导广大党员自觉用习近平新时代中国特色社会主义思想武装头脑。严格党的组织生活，全面落实"三会一课"、主题党日、谈心谈话、民主评议党员、党员联系农户等制度。加强农村流动党员管理，注重发挥无职党员作用。扩大党内基层民主，推进党务公开。加强党内激励关怀帮扶，定期走访慰问农村老党员、生活困难党员，帮助解决实际困难。稳妥有序开展不合格党员组织处置工作。加大在青年农民、外出务工人员、妇女中发展党员力度。

（三）发展壮大集体经济，提升经济发展活力

1. 保障财产合法权益，推动闲置资产盘活利用

目前存在大量的集体闲置资产，乡村资源有效利用率相对较低。因此，应

当增强运营农村集体产权制度改革成果，并借此契机盘活利用闲置资产。集体经济发展下一阶段中的工作重点是发展壮大集体经济，维护农民集体经济收益权和促进共同富裕。首先是在维护集体和其成员权益的基础上，探索形成多元化的集体经济运营模式，各地探索出台《农村集体经济组织条例》，严格按照法律法规制定股权分配方案，在做大做强集体经济蛋糕的同时，扎实做好三次分配中的初次分配，确保集体和村民形成稳定的收益现金流。其次是要鼓励集体利用政府资金因地制宜发展合适的集体产业，形成"集体经济组织+农户"的发展模式，通过发展集体产业保障集体成员的收入，使集体经济的内生造血体系不断优化，充分发挥二次分配在集体内部的作用。最后是鼓励集体先富起来的群体或集体与外部企业合作，在习惯与道德的影响下加快发展慈善事业与志愿服务，将个人价值和社会价值的实现进行整合和调配，在集体中培养"大同"思想，从而丰富集体成员的物质和精神世界。

2. 加强组织规范发展，完善集体资产监督管理机制

各地探索形成了多种集体经济发展模式，但是集体经济在引进外部企业进入的同时，不能只顾眼前的收益，而忽略未来的风险。要加强集体经济组织规范建设，完善集体资产监督管理机制，为壮大集体经济和实现农民农村共同富裕夯实组织基础。首先是组建相应的监管机构，当出现损害集体经济资产行为时，相关机构可以对相关经营主体进行处罚或者向上级反映；其次是增强集体资产管理经营者的集体意识，让他们时刻铭记资产为集体所有，而不是个人所有，科学规范集体资产经营行为；最后是设立有效的防火墙机制，目前多数集体经济和外部合作时，只注重净收入，而忽略风险问题。在集体经济发展多元化的背景下，目前的惩罚机制不足以从根本上确保集体经济自身资产不受侵害，要让经营主体树立风险意识，有必要建立有效的集体经济保障制度，在其面临创新创业失败时一定有经济保障。在农村集体经济组织和其设立的企业之间设置防护网，防止农村集体经济组织因其创办的企业效益不佳而出现重大损失。

3. 优化人才培育体系，培养集体经济职业经理人

壮大集体经济和实现农民农村共同富裕要特别注重优化农村人才培育体系，加大培养集体经济职业经理人力度，集体经济发展的重要特征主要是以职业经理人为基础的专业化团队来管理经营资产。首先是不断巩固农村产业发展，提升农村产业对年轻一代的吸引力，吸引年轻人特别是来自集体内部的青

年返乡创业和就业。其次是构建集体经济职业经理人相关激励机制，要在保障集体经济和成员利益的同时，充分发挥职业经理人的释放作用，解决好引进外部专业人才进村的一系列问题。赋予有能力的集体经济骨干人才相应的集体经济管理权力，要让"头雁"飞起来，不能让他们在发展集体经济上被束缚。

4. 充分释放改革红利，实现集体资产保值增值

农村集体成员和城市居民在发展过程中最明显的差异是农村土地流转在制度上受到的限制。城市居民的房屋随着经济发展持续升值，给城市居民带来了很多财产收益。然而由于土地制度的限制，农村居民土地资产并不能完全被市场充分赋值，财产收益通常仅来自出租土地带来的微薄租金。因此，应进一步激活集体产权制度改革活力，顺应市场经济要求构建集体经济市场化运行新机制，实现农民农村共同富裕。首先是以循序渐进、风险可控、以点扩面的方式深入推进集体资产股权改革，打破现行集体经济组织成员封闭的边界，探索实施有偿退出、抵押、担保、继承等集体产权股权改革，鼓励集体成员将闲置资产的经营权转让给真正从事农村建设的经营主体，增加集体成员的财产收益。激活经营权不仅是实现农民增收和保障集体资产增值保值的重要途径，也是吸引外部资金进入乡村的先决条件。其次是以低风险、可持续的经营模式，通过物业租赁、合资联营、服务创收等多渠道获取稳定的农村集体经济收入。在探索农民增收之路的同时要坚守底线思维，土地公有制性质不能更改、耕地红线不能突破、农民基本权益不能损害。

5. 创新农村金融服务，筑牢集体经济发展保障体系

集体经济的发展需要强有力的资金扶持，而农村金融服务是保证集体经济资本要素投入、实现共同富裕的主要来源。因此，在探索创新农村金融服务、壮大集体经济、实现共同富裕过程中，首先要加大资金流量，逐步增加对农村地区的投入；其次要不断释放农村集体经济资金存量，把农村闲置的基础设施投资转换为稳定持续的资金流；最后要优化农村金融资本要素配置，加大对集体经济发展薄弱的地区的资金扶持力度。具体来说，应逐步加强对"三农"领域的信贷扶持力度，科学引导大中小型银行提升在农村地区的放贷力度和效率，监管农业农村领域资金流向；要着眼于农村金融服务投放资金方向，充分有效利用农村现有资产和先天禀赋，使金融服务合理服务于农村集体经济；要有针对性的积极创新农村金融服务，优化农村金融资产实现有效配置，让资金流向切实需要的集体和企业。金融服务要大胆创新，提高农村地区投入力度，

在保持集体经济资产有效流动的基础上，进行合理创新。

（四）完善乡村自治体系建设，强化自治实践能力

首先是进一步完善农村民主选举、民主协商、民主决策、民主管理、民主监督制度。依法规范村民委员会等自治组织选举办法，健全民主决策程序。依托村民会议、村民代表会议、村民议事会、村民理事会等，形成民事民议、民事民办、民事民管的多层次基层协商格局。其次是做实村民代表联系村民制度。及时对村民群众的意见收集和决策反馈，使民主协商制度有效运转，创新村民议事形式，完善议事决策主体和程序，落实群众知情权和决策权。再次是厘清治理主体权责，构建新型合作关系。明晰基层党组织、基层政府、村级自治组织、集体经济组织、社会组织等治理主体在乡村治理中的职责和边界，构建各类治理主体责权清晰、各司其职、合作有序的新型合作关系，构建领导权、决策权、执行权、监督权、经营权相互分离但运转协调的运行机制，全面向治理主体赋能。最后是全面建立健全村务监督委员会，以点带面实践务实管用的村务监督机制，推行村级事务阳光工程。充分发挥自治章程、村规民约在乡村治理中的独特功能，弘扬公序良俗。继续开展以村民小组或自然村为基本单元的村民自治试点工作，加强基层纪委监委对村民委员会的联系和指导。

（五）推进乡村法治体系建设，强化法治保障能力

首先是不断完善农村司法体系。增加和提高农村法律工作人员的数量及素质，畅通农村的司法渠道，使得农村居民能更加便捷高效地通过法律来维护自身合法权益。其次是加大农村法治宣传力度。注重法治宣传成效，不断创新农村普法形式，将法律知识宣传与农民日常生活相结合，注重向群众阐明与其生活息息相关的法律概念以及发生纠纷时可以采取的法律手段，提高农民对法律的接纳度和认可度。多形式开展"法律进乡村"宣传教育活动，提高农民法治素养，引导干部群众尊法学法守法用法。再次是增强基层干部法治观念，特别是法治为民意识，把政府各项涉农工作纳入法治化轨道。维护村民委员会、农村集体经济组织、农村合作经济组织的特别法人地位和权利。然后是深入推进综合行政执法改革向基层延伸，创新监管方式，推动执法队伍整合、执法力量下沉，提高执法能力和水平。最后是加强乡村人民调解组织建设，建立健全乡村调解、县市仲裁、司法保障的农村土地承包经营纠纷调处机制，不断提高农村法律服务质量和水平。健全农村公共法律服务体系，加强对农民的法律援助、司法救助和公益法律服务。深入开展法治县（市、区）、民主法治示范村

等法治创建活动，深化农村自治组织依法治理程度。

（六）推动乡风文明建设升级，强化现代德治能力

乡村的传统价值规范与治理秩序也以道德规范的方式影响着乡村治理现代化。深入挖掘乡村熟人社会蕴含的道德规范与治理秩序，结合社会主义核心价值观与时代的要求进行创新，强化道德教化作用，引导农民向上向善、孝老爱亲、重义守信、勤俭持家。乡土艺术是淳化民风、教化村民的重要途径，剪纸、对联、年画、民间故事、地方戏曲等都被认为是喜闻乐见的教化途径。要重视乡土艺术的育人价值，使之在乡风文明和乡村治理中发挥作用。建立道德激励约束机制，引导农民自我管理、自我教育、自我服务、自我提高，实现家庭和睦、邻里和谐、干群融洽。利用乡村教化，充分发挥农民的主体作用，做到民事民议、民事民办、民事民管。利用乡村熟人社会的教化机制，从最小单元、最小细胞抓起，完善重心下移、力量下沉的工作机制，实现"小事不出村，大事不出镇，矛盾不上交"的治理效果，把矛盾化解在基层。深入挖掘乡村文化中蕴含的优秀思想观念、人文精神、道德规范，不断赋予新的时代内涵，丰富表现形式，充分发挥其在凝聚人心、教化群众、淳化民风中的重要作用。

（七）优化艺术乡建模式，赋能乡村治理

要因地制宜发展特色产业。艺术乡建要根据当地特有文化传统与物质条件，创新文旅多元新业态，带动旅游资源开发，以创新性与艺术性吸引外来游客，打造更有体验感与沉浸感的多元化农村文旅景点。艺术乡建介入乡村，增强的产业变现能力、优化物质资产发展结构是促进乡村治理的基础，经济良好发展是提升乡村建设内生动力的重要因素，也是村民最为关注的问题。物质文明建设是乡村振兴战略中的一项重要任务。首先是要挖掘当地文化特色，如传统节日与习俗。其次要发挥艺术媒介的传播性，利用创意短视频与前沿设计，广泛吸引外地游客前来游玩与参观，打造热门景点，让属于乡村的特色广受人们认可。其次是培育和引进乡土人才。乡村的建设需要新鲜血液来激活，引进乡建人才和培育乡土人才并行是增强乡建可行性的路径之一。一方面，政府、企业等要宣传艺术乡建的重要性，搭建人才平台，提高艺术人才引进力度，为我国艺术乡建事业提供源源不断的人才储备。艺术介入乡村逐渐成为乡村建设新的实践方式，我国大多数艺术乡建是由艺术家团体所发起，联合地方政府抑或是高校人才进行的乡村改造。另一方面，在培育乡土人才的过程中，针对不

同村民群体需要采用不同的改造方案。对于散落在乡村中的非物质文化遗产传承人，以及热爱艺术的乡土艺术家应进行系统的培训，在提升乡土艺术家整体艺术素养的同时，保护好我国非物质文化遗产。只有艺术乡建各参与者做到从主体性到价值性的契合，形成具有普惠性、包容性的价值认同，艺术乡建才能深入乡村的肌理，在土地上生根成长。

（八）推动利益联结的群众共享发展机制，筑牢村民参与基础

始终坚持把给农民更多分享增值收益作为基本出发点，着力增强农民参与融合能力，创新收益分享模式，健全联农带农有效激励机制，让农民更多分享产业融合发展的增值收益，以利益共享机制夯实乡村治理的社会参与基础。

首先是提高农民在乡村集体经济发展中的参与程度。鼓励农民以土地、林权、资金、劳动、技术、产品为纽带，开展多种形式的合作与联合，依法组建农民专业合作社联合社，强化农民作为市场主体的平等地位。引导农村集体经济组织挖掘集体土地、房屋、设施等资源和资产潜力，依法通过股份制、合作制、股份合作制、租赁等形式，积极参与产业融合发展。积极培育社会化服务组织，加强农技指导、信用评价、保险推广、市场预测、产品营销等服务，为农民参与产业融合创造良好条件。其次是创新收益分享模式。加快推广"订单收购+分红""土地流转+优先雇用+社会保障""农民入股+保底收益+按股分红"等多种利益联结方式，让农户分享加工、销售环节收益。鼓励行业协会或龙头企业与合作社、家庭农场、普通农户等组织共同营销，开展农产品销售推介和品牌运作，让农户更多分享产业链增值收益。鼓励农业产业化龙头企业通过设立风险资金、为农户提供信贷担保、领办或参办农民合作组织等多种形式，与农民建立稳定的订单和契约关系。完善涉农股份合作制企业利润分配机制，明确资本参与利润分配比例上限。最后是强化政策扶持引导。要更好地发挥政府扶持资金作用，强化龙头企业、合作组织联农带农激励机制，探索将新型农业经营主体带动的农户数量和成效作为安排财政支持资金的重要参考依据。以土地、林权为基础的各种形式合作，凡是享受财政投入或政策支持的承包经营者均应成为股权方。鼓励将符合条件的财政资金特别是扶贫资金量化到农村集体经济组织和农户后，以自愿入股方式投入新型农业经营主体，对农户土地经营权入股部分采取特殊保护，探索实行农民负盈不负亏的分配机制。

（九）强化治理人才队伍建设，提升人力资源水平

首先是加强乡镇领导班子建设。有计划地选派省、市、县机关部门有发展

潜力的年轻干部到乡镇任职。加大从优秀选调生、乡镇事业编制人员、优秀村干部、大学生村官中选拔乡镇领导班子成员的力度。加强民族地区基层政权建设相关工作。其次是大力开展乡村干部的能力培训。针对乡村干部提高自身能力的迫切需求，积极拓宽培训渠道，制定长远培训规划，全面实现基层干部培训模式从"短、平、快"到"长期、集中、系统"的转型。设立乡村干部培训基金，争取培训资金和师资力量支持，确保乡村干部每年能够参加一次县级以上集中培训，每两年能到发达地区的乡村调研学习一次。培训以带领群众脱贫致富能力、法律知识和"法治"意识、农村工作政策和农牧科技、公文处理能力等内容为主。筛选出一些优秀的远程教育课件，确保远程教育实效。构建乡村干部教育培训新格局。借力乡村治理能力建设平台，选派乡村干部外出挂职、考察学习、集中培训、实践锻炼，围绕提高乡村干部推动精准扶贫开发能力等，突出培训重点，创新培训内容，构建更加开放、更具活力、更有实效的乡村干部教育培训新格局。再次是加强乡村治理带头能人队伍建设。实施村党组织带头人整体优化提升行动。加大从本村致富能手、外出务工及经商人员、本土大学毕业生、复员退伍军人中培养选拔力度。以县为单位，逐村摸排分析，对村党组织书记集中调整优化，全面实行县级备案管理。健全从优秀村党组织书记中选拔乡镇领导干部、考录乡镇公务员、招聘乡镇事业编制人员机制。通过本土人才回引、院校定向培养、县乡统筹招聘等渠道，每个村储备一定数量的村级后备干部。全面向贫困村、软弱涣散村和集体经济薄弱村党组织派出第一书记，建立长效机制。然后是实行更加积极、更加开放、更加有效的人才政策。培育新型职业农民、加强农村专业人才队伍建设，鼓励不同类型人才投身乡村建设，推动乡村人才振兴，让各类人才在乡村大施所能、大展才华、大显身手。最后是研究出台村社干部待遇提升办法。积极探索村社干部离职补贴和补助购买社会保险等办法，进一步巩固提高村组干部报酬待遇，提高离任村干部、"三老"干部的补助。

（十）立足现代智慧治理技术建设，提升智慧治理能力

发展智慧治理，是立足于乡村治理中着眼未来治理技术的治理能力方向。首先是全面推进智慧党建工作。通过客户端开发与使用，将现代科学技术运用到党建工作中，提升党员教育信息化水平，立足组织工作适应经济社会发展，不断提升工作效能。其次是以智慧治理推进群众参与。以农村雪亮工程为群众参与乡村治理的桥梁，打通电视机顶盒和手机客户端的连接，吸引群众参与社会治安防控，运用一键报警模式将发现的线索情况第一时间汇报给综治中心工

作人员和派出所，消除安全隐患，维护社会长治久安。再次是推进直接服务民生的公共事业部门改革，改进服务方式，最大限度方便群众。推动乡镇政务服务事项一窗式办理、部门信息系统一平台整合、社会服务管理大数据一口径汇集，不断提高乡村治理智能化水平。最后是健全智能化监督体系，促进技术化实现以群众满意度为重点的考核导向。严格控制对乡镇工作不切实际的"一票否决"事项。

（十一）完善城乡社区的事项准入机制，规范治理内容边界

设立城乡社区工作事项准入机制。按照"政府依法行政、村（社区）依法自治"的原则，建立完善社区事项准入机制，加快乡村社区职能转变，厘清乡村社区职责，理顺职能部门与乡村社区关系，减轻社区工作负担。促进社区依法自治，明确基层自治组织法定责任事项，协助政府工作事项，合理调整社区购买社会服务项目清单，按照"权随责走、费随事转"的原则，全面落实城乡社区工作事项准入制度。积极推进基层群众组织职能归位，进一步激发社区自治活力，促进政府行政管理和社会自我调节、居民自治管理良性互动。依法开展社区确认前置事项的清理行动，切实减轻社区负担。梳理制定《基层群众自治组织依法履行职责事项》和《基层群众自治组织协助政府工作事项》等工作清单。建立社区工作事项经费保障机制，各部门制定工作方案、计划涉及社区协助的，应附带合理的奖补方法，"清单"外事项社区应当拒绝执行。

（十二）落实平安乡村建设，维护良性治安环境

健全落实社会治安综合治理领导责任制，健全农村社会治安防控体系，推动社会治安防控力量下沉，加强农村群防群治队伍建设。深入开展扫黑除恶专项斗争。依法加大对农村非法宗教、邪教活动打击力度，严防境外渗透，继续整治农村乱建宗教活动场所、滥塑宗教造像等现象。完善县乡村三级综治中心功能和运行机制。健全农村公共安全体系，持续开展农村安全隐患治理。加强农村警务、消防、安全生产工作，坚决遏制重特大安全事故。健全矛盾纠纷多元化解机制，深入排查化解各类矛盾纠纷，全面推广"枫桥经验"，做到小事不出村、大事不出乡（镇）。落实乡镇政府农村道路交通安全监督管理责任，探索实施"路长制"。推进农村雪亮工程建设，探索以网格化管理为抓手，推动服务和管理精细化精准化。

三、提升乡村治理能力的保障

①坚持党建引领。在全面推进乡村治理能力建设工作中，坚持党建引领、一核多元，既是执政需求、也是实际的工作需求，抓牢党建引领，在乡村治理中占据主动，积极作为，促使乡村治理能力提升工作在广大党员干部和群众的联系中逐渐深入，收发有序。②健全农村基层服务体系。制定基层政府在村（社）治理方面的权责清单，推进农村公共服务规范化标准化。整合优化公共服务和行政审批职责，优化"一门式办理""一站式服务"的综合服务平台。在村庄普遍建立网上服务站点，逐步形成完善的乡村便民服务体系。大力培育服务性、公益性、互助性农村社会组织，积极发展农村社会工作和志愿服务。开展农村基层减负工作，集中清理对村级组织考核评比多、创建达标多、检查督查多等突出问题。③严格乡村社区工作事项准入。为了确保乡村治理工作顺利开展，政府部门尤其是区县级部门应严格遵守社区工作准入审核制度，不随意摊派工作任务到乡镇（街道）、村（社），不得向村（社）下达事项清单外的工作任务。各村（社）可拒绝部门（单位）和乡镇（街道）下达的事项清单外工作任务的考核。④积极搭建社会参与平台，加强组织动员，构建政府、市场、群众协同推进的乡村振兴参与机制。创新宣传形式，广泛宣传乡村振兴相关政策和生动实践，营造良好社会氛围。发挥工会、共青团、妇联、科协、残联等群团组织的优势和力量，发挥各民主党派、工商联、无党派人士等积极作用，凝聚乡村振兴强大合力。建立乡村振兴专家决策咨询制度，组织智库加强理论研究。促进乡村振兴国际交流合作，讲好乡村振兴的中国故事，为世界贡献中国智慧和中国方案。⑤开展评估考核。加强乡村治理能力建设实施考核监督和激励约束。将乡村治理能力成效纳入地方各级党委和政府及有关部门的年度绩效考评内容，考核结果作为有关领导干部年度考核、选拔任用的重要依据，确保完成各项目标任务。⑥强化舆论宣传。对各种典型模范、优秀的地方乡村治理能力工作成果和项目品牌进行宣传推广，促进各市（州）、县（市）、乡镇镇（街道）、村（社区）借鉴学习，共同进步。

第七章　四川省推进乡村治理改革的结论与启示

一、四川省推进乡村治理改革的结论

在发展农村集体经济的浪潮中，各地尝试采取了适应当地社会经济现状的内生型、外生型、合作型等模式，通过成立经济利益共同体来增强同类型组织的同构性，以加强村庄的公共性。乡村振兴的二十字方针强调产业兴旺和治理有效，四川省农村集体经济实践检验证明，农村集体经济是全体村民在合法化机制引导下做出的理性选择，通过制度、资源和技术的嵌入实现了治理组织和经济组织同构。在组织同构过程中，制度趋同、模仿趋同、竞争趋同相互交融，集体经济组织在较短时间内嵌入乡村治理体系，及时填补治理主体的空缺，不仅降低了乡村治理成本，而且提高了治理的效率。

四川省乡村治理改革实践表明，治理是规范的手段，也是激活的手段，发展才是目的。城乡基层治理不能简单就治理抓治理，更不能把秩序与活力、治理与发展割裂开来，而应当着眼发展抓治理，抓好治理促发展。新时代乡村治理在以下几个方面具有新内涵。首先是从组织定位看，连结政府与乡村社会的是在中国共产党坚强领导下的乡村管理组织，不是营利型经纪或管理松散甚至是职能"飘忽"的乡级组织。其次是从基层政权建设目标看，加强建设的目的是增强乡村内生动力，促进乡村可持续发展，而不单纯是征收赋税，或者作为一种"渠道"反哺农村。最后是从调节方式看，更加彰显法律对政府和社会关系的调节作用。

本书对四川乡村治理改革进行个案研究，探讨乡村治理改革对推进乡村治理体系和治理能力现代化的作用。具体而言，形成了以下基本结论：

首先，乡村治理体系和治理能力现代化进程中，政府与社会的互动是需要调整的一组基本关系，政府与社会的互动需要由"悬浮"走向"连接"。乡村治理的难点在于连结政府与社会的乡绅、营利型经纪或者乡村干部总是有扩大自身支配权的欲望，国家职能越发展体制越倾向于自我膨胀。要突破这一难点，需要增强政府力量直接掌握乡村信息的能力，弱化社会对乡村信息的垄断能力。通过对四川省乡村治理改革的个案研究，发现要实现这一转变，政府与社会的组织链条需要发生改变。县级政府需要从"政策中转"变为"主动谋划"与乡村有关的各项工作，乡镇政府需要从"压力下沉"变为"主动服务"，村两委班子需要加强党建工作，以此推动村级工作的开展，把村民团结在党组织的周围。同时，政府与社会的经济链条也需要发生改变。乡村治理改革破除了农村土地所有权、经营权和承包权三权分置的村级建制障碍，降低了农地流转的交易成本，农业规模经营更容易实现，产业发展有了更大的舞台，村集体经济的规模和效益有了提高，新型职业农民开始出现。有效吸引村民抱团取暖，进而将村民组织起来。

其次，乡村治理体系和治理能力现代化进程中，党建引领下的多元主体共治是基本途径。四川省乡村治理改革调整实践表明，加强乡村基层党建，发挥党组织的战斗堡垒作用和党员的先锋模范带头作用，进而激活乡镇干部、村组干部和村民参与乡村治理的主动性，发挥他们的创造力，乡村治理才会走上善治之路。调动乡镇干部的工作积极性，需要让乡镇干部看到职业发展的希望，行政级别和薪酬待遇的提高是直接的激励因素。调动村组干部的工作积极性，需要通过行政区划调整扩大村组干部选拔的人才库，将年轻有为的带头人选出来。同时，提高村组干部的薪酬待遇，让他们能够安心留在农村为村民服务，在党和政府领导谋划乡村的未来发展，实现由"维持会长"向"积极分子"的转变。通过乡村治理改革，行政区划总体减少，行政成本总体下降，能够实现对乡镇干部和村组干部的薪酬增长计划。要提高村民参与乡村治理的积极性，关键就是要让村民看到乡村基础设施的变化，感受到村集体经济发展的甜头，还要有村级党组织的领导带来的正面效果。在乡愁和效益的驱动下，返乡创业的村民会多起来，乡村才有活力。

最后，四川省乡村治理改革调整的内在逻辑推进了乡村治理体系和治理能力现代化进程。通过乡村治理改革，政府与社会的互动得以重构，乡村组织的工作能力在党建引领下得以提升，能够承接国家权力"向下走"的治理实践。通过乡村治理改革，乡村的土地资源、人力资源、项目资金等资源要素较改革前实现了合理利用。生于乡村、长于乡村的村民、村干部的积极性得到提升，乡村治理的可持续性增强。基层政权治理能力的增强，增强了公民意识、降低了福利依赖，增强了政府对乡村社会的控制能力，提升政府对乡村社会的治理能力。

二、四川省推进乡村治理改革的启示

在基层治理现代化进程中，党政一体化、多元协同有其特有的优势，但在实际政治实践中仍然面临着许多问题。对问题的认知和解决也能对乡村治理体系和治理能力现代化起到稳步推进的作用。

从历史上看，政府和社会的互动关系决定了国家的建设过程，决定了国家实现秩序、民主与安全等各种价值的基本策略与政策选择。作为一个经历过西方多次殖民侵略的文明古国，依然能实现独立自主的和平发展，我国之所以能在近现代较好吸收人类文明成果，推进现代化改革，一个关键原因就是"强国"在传统政治中具有重要而突出的地位。西方现代化变革的关键动力就是强大的国家组织，所以现代中国在传承"强国"传统的基础上演化出的强大优势的新型"举国体制"，成为实现现代化的强大推手。改革开放以来中国在短时间内缔造了人类历史上最宏大的经济增长奇迹，党和政府的强有力行动在其中起到了举足轻重的作用。

现代化包含一个精神文明建设过程，自主性发挥需要有效动员和组织社会力量，全面参与国家发展的各项事业。没有充满活力的社会土壤，政府力量主导的现代化改革最终会面临"边际收益递减"的困境。中国共产党坚持的以人为本的原则，在动员人民参与政治的过程中具有先天优势，正是将人民勇于创新和砥砺奋进作为第一推动力，创造了"中国奇迹"。因此，与中国古代的"强政府""弱社会"，和冷战后西方新自由主义鼓吹的"弱政府""强社会"不同，当代中国的制度优势主要体现在"强政府"和"强社会"并存。正是这两种双强共存互补的格局，为新时期的乡村治理提供了思路。

多元协同的乡村治理体系主要是充分调动政府和社会的力量，为乡村振兴提供组织和制度保障。党政一体化要充分发挥政治领导的权威作用，同时基于科学系统设计，在实践中推进各主体的合作和磨合，真正了解基层特别是群众需要什么，以群众需求为引导，保证系统稳定性，避免"形象工程"，优化资源整合，避免不必要的浪费。总之，在动态治理的实践中，既要通过分析和反馈等实现动态的体系功能优化，还要注重因地制宜，采用"一地一策"的方法，发挥区域优势，实现乡村治理的最优之路。

四川省农村集体产权制度改革取得良好的效果，以"股份全员化、参与全员化"的集体经济作为发展和治理的重心，不仅有助于为农村发展提供经济基础，也能够为农村治理巩固群众基础，从而借助乡村治理解决发展难题，促进高效治理和高质量发展互促共进。但是集体经济的全员化也可能带给乡村治理风险。首先是利益联结的风险。为了促进农村集体经济的快速发展，乡村管理组织经常以农村土地的股份化作为基础，以集体收益的分红作为利益联结点，组建了集体经济组织，很大程度上提高了农民的收入，却忽略了集体经济发展不畅可能由此带来的潜在成本。由此农民通常以分红收益较低或收益发生损失为由要求退出集体经济组织，这在一定程度上会削弱村两委实施乡村治理的权威性和有效性。其次是"三位一体"的权力运行风险。虽然相关政策允许村党组织书记通过法定程序担任村委会主任，但党组织的选拔与任命程序和村民自治组织的选举与任命程序有所差异，这可能导致政治权力运行和村民自治权力运行存在冲突。

此外，部分地区确立了集体经济组织和村两委"三位一体"的管理模式，在制度上推进了农村事务一体化的治理，降低了村级组织在运行中的成本。然而"三位一体"的权力集中于一个村支书，如何避免权力过于集中的领导体制、如何保证权力不被滥用、如何充分确保村支书高效工作、如何拓展优秀人才进入管理队伍的通道，这些问题都可能成为乡村治理的新困境和新风险。我们需要进行以下几点思考。首先，完善集体经济发展中的"利益共享、风险共担"模式，减少村民之间、村民与集体之间新的矛盾纠纷，增强农村社区治理的公共性和自主性。其次，重视传统"三会"制度对公共权力运转的监督，实现社区事务治理权力和公共权力的和谐共存，降低农村新型管理体制下的社会治理风险。再次，明确村两委和集体经济组织班子成员的权利和责任的边界，提高农村治理的有效性。最后，以培育新乡贤为依托构筑多层次基层协商治理格局，弥补空心村和薄弱村人才流失导致的发展与治理人才短缺的困境，从而提高农村治理能力的现代化水平（如图 7-1 所示）。

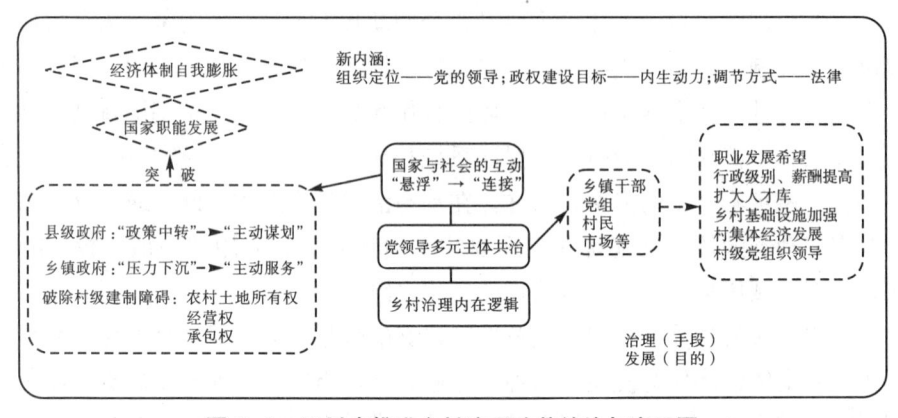

图 7-1 四川省推进乡村治理改革结论与启示图

参考文献

[1] 弗里曼，等. 中国乡村，社会主义国家［M］. 陶鹤山，译. 北京：社会科学文献出版社，2002.

[2] 黄宗智. 华北的小农经济与社会变迁［M］. 北京：中华书局，2000.

[3] 杜赞奇. 文化、权力与国家：1900—1942 年的华北农村［M］. 王福明，译. 南京：江苏人民出版社，2010.

[4] 瞿同祖. 中国法律与中国社会［M］. 北京：商务印书馆，2017.

[5] 施坚雅. 中国农村的市场和社会结构［M］. 史建之，徐秀丽，译. 北京：中国社会科学出版社，1998.

[6] 林耀华. 金翼：中国家族制度的社会学研究（作者定本）［M］. 庄孔韶，林宗成，译. 北京：生活·读书·新知三联书店，2022.

[7] 费孝通. 乡土中国 生育制度［M］. 北京：北京大学出版社，1998.

[8] 詹姆斯·C. 斯科特. 弱者的武器［M］. 郑广怀，张敏，何江穗，译. 南京：译林出版社，2007.

[9] 马克思·韦伯. 儒教与道教［M］. 王容芬，译. 北京：商务印书馆，1995.

[10] 张静. 基层政权：乡村制度诸问题［M］. 杭州：浙江人民出版社，2000.

[11] 张静. 现代公共规则与乡村社会［M］. 上海：上海书店出版社，2006.

[12] 俞可平. 论国家治理现代化［M］. 北京：社会科学文献出版社，2014.

[13] 罗家德. 中国治理：中国人复杂思维的 9 大原则［M］. 北京：中信出版社，2020.

[14] 周雪光. 中国国家治理的制度逻辑［M］. 北京：生活·读书·新知三联书店，2017.

[15] 贺雪峰. 乡村治理的社会基础［M］. 北京：生活书店出版有限公司，2020.

[16] 祁勇，赵德兴. 中国乡村治理模式研究［M］. 济南：山东人民出版

社，2014.

[17] 周庆智，等. 乡村治理：制度建设与社会变迁——基于西部 H 市的实证研究［M］. 北京：中国社会科学出版社，2016.

[18] 李强. 后全能主义体制下现代国家的构建［J］. 战略与管理，2001（6）.

[19] 郁建兴，肖扬东. 全球化与中国的国家建构［J］. 马克思主义与现实，2006（6）.

[20] 郑永年. 政治改革与中国国家建设［J］. 战略与管理，2001（2）.

[21] 张静. 国家政权建设与乡村自治单位——问题与回顾［J］. 开放时代，2001（9）.

[22] 汪雪芬，王博. "国家政权建设"的概念旅行：从西方到中国［J］. 中共杭州市委党校学报，2007（3）.

[23] 纪程. "国家政权建设"与中国乡村政治变迁［J］. 深圳大学学报（人文社会科学版），2006（1）.

[24] 黄宗智. 集权的简约治理——中国以准官员和纠纷解决为主的半正式基层行政［J］. 开放时代，2008（2）.

[25] 吴理财. 村民自治与国家政权建设［J］. 学习与探索，2002（1）.

[26] 韩鹏云，徐嘉鸿. 乡村社会的国家政权建设与现代国家建构方向［J］. 学习与实践，2014（1）.

[27] 龙太江. 乡村社会的国家政权建设：一个未完成的历史课题——兼论国家政权建设中的集权和分权［J］. 天津社会科学，2001（3）.

[28] 刘明兴，刘永东，陶郁，陶然. 中国农村社团的发育、纠纷调解与群体性上访［J］. 社会学研究，2010，25（6）.

[29] 徐林，宋程成，王诗宗. 农村基层治理中的多重社会网络［J］. 中国社会科学，2017（1）.

[30] 姜晓萍，许丹. 新时代乡村治理的维度透视与融合路径［J］. 四川大学学报（哲学社会科学版），2019（4）.

[31] 田凯，黄金. 国外治理理论研究：进程与争鸣［J］. 政治学研究，2015（6）.

[32] 冯仕政. 社会治理与公共生活：从连结到团结［J］. 社会学研究，2021（1）.

[33] 周飞舟. 从汲取型政权到"悬浮型"政权——税费改革对国家与农民关系之影响［J］. 社会学研究，2006（3）.

[34] 陈家建，赵阳. "低治理权"与基层购买公共服务困境研究［J］. 学术研究，2019（1）.

[35] 李棉管. 自保式低保执行——精准扶贫背景下石村的低保实践［J］. 社

会学研究，2019（6）.

[36] 陈家建，张琼文. 政策执行波动与基层治理问题［J］. 社会学研究，2015（3）.

[37] 贺雪峰，刘岳. 基层治理中的"不出事逻辑"［J］. 社会学研究，2010（6）.

[38] 张静. 通道变迁：个体与公共组织的关联［J］. 学海，2015（1）.

[39] 陈炯. 艺术振兴乡村的策略与方法研究［J］. 中国人民大学学报，2021，35（2）.

[40] 桂华，面对社会重组的乡村治理现代化［J］. 政治学研究，2018（5）.

[41] 景跃进. 将政党带进来——国家与社会关系范畴的反思与重构［J］. 探索与争鸣，2019（8）.

[42] 杨华. 县域治理中的党政体制：结构与功能［J］. 政治学研究，2018（5）.

[43] 季乃礼，许晓. 村级党建、社会整合与乡村振兴［J］. 西南民族大学学报（人文社科版），2020（3）.

[44] 贺雪峰. 乡村振兴与农村集体经济［J］. 武汉大学学报（哲学社会科学版），2019（4）.

[45] 赵守飞，汪雷. 农村基层治理：问题、原因及对策［J］. 兰州学刊，2010（3）.

[46] 张晓山. 农村基层治理结构：现状、问题与展望［J］. 求索，2016（7）.

[47] 印子. 村级治理的"寡头定律"及其解释［J］. 华中农业大学学报（社会科学版），2018（2）.

[48] 吕德文. 乡村治理70年：国家治理现代化的视角［J］. 南京农业大学学报（社会科学版），2019，19（4）.

[49] 熊烨，凌宁. 乡村治理秩序的困境与重构［J］. 重庆社会科学，2014（6）.

[50] 颜德如. 以新乡贤推进当代中国乡村治理［J］. 理论探讨，2016（1）.

[51] 印子. 乡村基本治理单元及其治理能力建构［J］. 华南农业大学学报（社会科学版），2018，17（3）.

[52] 何影. 试析我国渐进式村民自治的现实困境［J］. 黑龙江社会科学，2008（5）.

[53] 薛明珠. 农民政治参与和乡村治理能力现代化［J］. 南都学坛，2014，34（6）.

[54] 刘义强，陈明．控制与自治的均衡：社会自治能力建设视角下的农村民主［J］．当代世界与社会主义，2010（3）．

[55] 徐林，宋程成，王诗宗．农村基层治理中的多重社会网络［J］．中国社会科学，2017（1）．

[56] 姜玉欣，王忠武．我国乡村治理的趋势、问题及其破解路径［J］．理论学刊，2016（6）．

[57] "提升四川乡村治理能力的途径和措施"课题组，杨祥禄．乡村治理能力提升之策——以四川省为例［J］．农村经济，2017（12）．

[58] 马志翔．提升乡村治理能力现代化的路径研究［J］．云南社会科学，2020（3）．

[59] 秦中春．乡村振兴背景下乡村治理的目标与实现途径［J］．管理世界，2020，36（2）．

[60] 董磊明，郭俊霞．乡土社会中的面子观与乡村治理［J］．中国社会科学，2017（8）．

[61] 余钊飞．新时代"枫桥经验"：乡村治理中的"三治融合"［J］．人民法治，2018（14）．

[62] 覃晚萍，王世奇．新时代多元主体推进乡村治理法治化路径探讨［J］．广西民族大学学报（哲学社会科学版），2019，41（3）．

[63] 夏红莉．"新乡贤"与健全自治、法治、德治相结合的乡村治理体系［J］．湖南省社会主义学院学报，2018，19（3）．

[64] 黄涛．新乡村治理推动新时代乡村振兴［J］．成都理工大学学报（社会科学版），2018，26（1）．

[65] 史叶婷．新时代探索乡村治理现代化的新方向［J］．改革与开放，2018（15）．

[66] 尹广文．新时代乡村振兴战略背景下乡村社会治理体系建构研究［J］．兰州学刊，2019（5）．

[67] 马池春，马华．中国乡村治理四十年变迁与经验［J］．理论与改革，2018（6）．

[68] 庄龙玉，龚春明．新时代乡村治理的理念与路径［J］．西南民族大学学报（人文社科版），2018，39（6）．

[69] 郭福平，刘雅倩．乡村治理的困局与新时代乡贤文化重构的意义［J］．福建教育学院学报，2019，20（4）．

[70] 王欣亮，魏露静，刘飞．大数据驱动新时代乡村治理的路径建构［J］．

中国行政管理，2018（11）.

[71] 谢元. 新时代乡村治理视角下的农村基层组织功能提升［J］. 河海大学学报（哲学社会科学版），2018，20（3）.

[72] 张永强，郭翔宇，秦智伟. 日本"一村一品"运动及其对我国新农村建设的启示［J］. 东北农业大学学报（社会科学版），2007（6）.

[73] 强百发. 韩国农协的发展、问题与方向［J］. 天津农业科学，2009，15（2）.

[74] 孔祥智. 美国农村小城镇的发展［J］. 中国改革，1999（7）.

[75] KRASNER S D. Approaches to the State: Alternative Conceptions and Historical Dynamics ［J］. Comparative Politics，16（2）.

[76] FUKUYAMA F. The Imperative of State-Building ［J］. Journal of Democracy，15（2）.

[77] MARSDEN T，MURDOCH J. The shifting nature of rural governance and community participation ［J］. Journal of Rural Studies，14（1）.

[78] STOKER G. Governance as theory: Five propositions ［J］. International Social Science Journal，155（5）.

[79] GOODWIN M. The governance of rural areas: Some emerging research issues and agendas ［J］. Journal of Rural Studies，14（1）.

[80] TSAI L. Solidary Groups, Informal Accountability, and local public goods provision in rural China ［J］. American Political Science Review，101（2）.

[81] THUESEN A，NIELSEN C. A Territorial perspective on Eu'S leader approach in Demark: The added value of community-led local development of rural and coastal areas in a multi-level governance settings ［J］. European Countryside，6（4）.

[82] SHUCKSMITH M. Disintegrated rural development? Neo-endogenous rural development, Planning and place-shaping in diffused power contexts ［J］. Journal of European Society for Rural Sociology，50（1）.

[83] MOSIMANE A，SILVA J. Local governance institutions, CBNRM, and Benefit-sharing systems in Namibian conservancies ［J］. Journal of Sustainable Development，8（2）.

[84] ŠIMON M，BERNARD J. Rural idyll without rural sociology? Changing features, Functions and research of the Czech countryside ［J］. Eastern European Countryside，22（1）.

附　录

附录一　访谈提纲（县级干部）

1. 请您详细介绍一下你县的基本县情。乡村治理改革后县情有哪些变化？

2. 乡村治理改革前，你县所辖乡村在人口规模、村两委班子、产业基础、村集体经济等方面的基本情况是怎样的？存在哪些问题，又有哪些特殊性？

乡村治理改革后，乡村情况有哪些新变化？请展开说说。

3. 如果将乡村治理改革的过程分时段的话，有什么比较可行的分法，比如可否简单分成初期、中期、后期三个阶段？还是其他？理由是什么？各个阶段的特征是什么？

如果说政府和社会之间的互动是乡级以上党委政府与乡村干部、乡村精英、普通百姓之间的互动关系，那么乡村治理改革的不同阶段政社互动情况是怎样的？

乡村治理改革的哪个阶段更容易产生积极的政社互动关系？哪个阶段更容易产生消极的政社互动关系？面对这些，你们是怎么做的？

4. 乡村治理改革初期、中期、后期所面临的阻力有哪些？其中，哪些是来自老百姓方面的阻力？这些阻力主要影响的是老百姓中的精英群体还是普通百姓？

针对可能出现的阻力，当时是否做了社会稳定风险评估报告（或者开展了类似工作）？针对在改革不同时期可能发生的社会稳定风险，县级层面做了哪些预案？

5. 乡村治理改革的不同阶段，在调动老百姓参与积极性方面有哪些具体做法？请举例说明。比如，初期可能是听取老百姓意见，中期可能是协调矛盾，后期可能是促进发展，等等？请一同来梳理一下。

6. 乡村治理改革中，县级政府在加强基层党建方面有哪些具体做法？党建的加强，如何推动了其他工作的开展？请举例说明。

7. 村组合并中，你们是怎么考虑哪些村合并、哪些村不合并的？原则是什么？

8. 乡村治理改革对县域经济发展起到了什么样的作用？可以从资源要素、产业发展、业态变化等方面谈谈，最好讲几个鲜活的例子。

9. 乡村治理改革后，老百姓办事有哪些变化？请举例说明。

10. 乡村治理改革后，乡镇干部的工作积极性是否有了显著提升？为什么？请举例说明。

附录二　访谈提纲（乡镇或街道干部、村干部）

1. 村组合并中，你们是怎么考虑哪些村合并、哪些村不合并？原则是什么？

2. 改革过程中，遇到不愿意合并的情况，你们是如何处理的？比如，是说别的村已经合并了，我们村也不能落后？还是举行村民投票表决？还是说县里文件要求的，要坚决执行，等等。请举例说明。

3. 乡村治理改革对乡镇干部队伍建设带来了什么影响？可从年龄结构、学历结构、编制数量、工作热情等方面谈谈，请举例说明。

4. 乡村治理改革后，村两委班子有些什么变化？可从年龄结构、学历结构、工作热情等方面谈谈，请举1~2个例子。

5. 如果将乡村治理改革划分为前期、中期和后期三个阶段，那么不同阶段老百姓联系政府的途径有哪些？老百姓和政府之间的关系是什么样的状态？

6. 乡村治理改革的不同阶段，乡镇（街道）政府、村两委在调动老百姓参与积极性方面有哪些具体做法？请举例说明。

7. 乡村治理改革中，乡镇（街道）政府或者村两委在加强基层党建方面有哪些具体做法？党建的加强，如何推动了其他工作的开展？

8. 乡村治理改革后，村民可以通过哪些渠道参与村级事务管理？村民参与热情是否有了显著提升？请举例说明。

9. 乡村治理改革后，村集体经济发展迎来了哪些新机遇？乡镇（街道）政府或者村两委是如何抓住这些机遇的？请举例说明。

附录三　访谈提纲（乡村精英）

1. 乡村治理改革后，村集体经济发展迎来了哪些新机遇？你或你身边的亲戚朋友，是如何抓住这些机遇的。请举例说明。

2. 你现在是党员吗？如果回答是，追问"党组织的作用是不是增强了？请举例说明"；如果回答不是，追问"现在想不想成为党员？为什么？"

3. 如果将乡村治理改革划分为前期、中期和后期三个阶段，那么不同阶段你或你身边的亲戚朋友对乡村治理改革的态度是怎样的？有什么样的变化？

4. 乡村治理改革后，村里有没有外出务工人员或大学生返乡创业的情况？如果有，吸引他们返乡创业的主要原因是什么？如果没有，原因又是什么？请举例说明。

5. 乡村治理改革后，村两委班子为老百姓服务的态度有了怎样的变化？请举例说明。

6. 乡村治理改革后，你或你身边的亲戚朋友办事是不是更方便了？参与村集体事务是不是更多了？请举例说明。